対話

日本および日本人の課題

渡部昇一
西尾幹二

ビジネス社

本書を読み始める前に当たって——西尾幹二

この本は渡部昇一さんと私の行ったすべての対談——一九九〇年以来の八つの対談を収録したものです。ここにあるものでほとんどすべてだと思いますが、もうひとつ記憶にあるのは、ＮＨＫ教育テレビが「マンガは是か非か」という題目を提出し、渡部さんが是、私が非という立場で、言葉を交わしたものがあります。最初の対談であり、半世紀ほど前のことなので、いま活字として再現するのは不可能です。これは見送りました。それ以外の対談をここに蒐集《しゅうしゅう》し、提示しました。

われわれの意見はだいたいにおいて同じ方向にあり、共通の地盤でものを言っているように思われていたし、事実そうでした。しかし二人に微妙なズレがあるのもまた事実だし、互いに正反対を自覚して対立しあっている議論もございました。

なかでも、二人の呼吸が非常に合って楽しく、かつ啓発的な対話となって読者を喜ばせたのは『諸君！』休刊をめぐるもので、今日の文藝春秋の「自滅」を早くも正確に予言している興味深い読み物となっております。二人の意見が気持ちよく一致したこの一篇を本書の巻頭にすえ、『文藝春秋』の言論誌としての無内容への転落と内紛の見せた悲喜劇を、わが国の思想界の運命の分かれ目として、まず検討したいと思います。

二番目の対談は二人の意見が一致するのではなくて、さっき申したとおり完全に正反対でぶつかり合った臨時教育審議会（臨教審）――中曽根教育改革――と第十四期中央教育審議会との正面衝突をめぐるテーマ、「教育の自由化」をめぐるホットな教育論を第2章として展開しました。

第3章はやはり西尾と渡部の意思が非常によく疎通してはいるものの、微妙に問題意識が食い違う例、いま読み返してみてこれは何だろうかと西尾自身が改めて考えさせられたテーマでございます。ドイツと日本との相克、対立、あるいは運命論的対比の問題です。渡部さんと私とは考え方が似ているようで根っこが根本的に違っていることがわかったこの一篇をとりあげたいと思います。

それ以外のものは、五篇ありますが、大同小異、共通する地盤を得ています。主として共産主義批判では最早なく、東京裁判史観批判へと議論が主に移動しました。これが新しい共通する地盤ですが、文藝春秋がここから逃げ出しました。ということは、じつは文藝春秋が言論思想の企業として果たしていた役割が終焉《しゅうえん》したと思わせる事態と深く関係があるのであります。

いまわが国が向かっている運命を検討するうえで、アメリカ文明のもつ位置――すなわち、ベルリンの壁が崩壊してソビエトがなくなった段階で次の時代に転じていて、テーマとしてはある意味で反米の問題です。冷戦終焉までは反共・親米で済んでいた保守言論界が、反共が終わってしまったため立ち位置を失ったわけですが、わが国の立場を正確にみていくためには、いまの時代はあの戦争の動機と目的を明確にすることによってもう一回自分たちのリアリズムを回復するという認識をもつかもたないかの分かれ目であって、じつはそれが『諸君!』という雑誌の目的でもあったはずです。ところが会社はテーマの重荷に耐えかねて『諸君!』を投げ出しました。『文藝春秋』は無思想・無目的な空中浮遊を始め、部数を落としました。

この無思想・無目的の雑誌の空白状態はいまのわが国のメディアのトータルな姿でもあって、文藝春秋の運命は座視しがたいわれわれの言論の危機でもあります。

最後にここでもうひとつ別のテーマが本書の終わりのほうで取り上げられるのを注目していただきたい。私と渡部さんは共通してともに歴史的時代認識をもっていました。ただ、やはりそこでも重要な違いが出てくるのは「中世」というものをどう考えるかという問題で、それは本書に留まらず、今後大きな論題となってくるであろうと思われますので、解説の最後にはその問題を少し展望したいと思います。

日本および日本人の課題　目次

第2章　自由で教育は救えるか

第3章　ドイツの戦後と日本の戦後

第6章　教科書をモミクチャにしたA級戦犯たち

第7章　「朝日」「外務省」が曝け出した奴隷の精神

第8章　人権擁護法が日本を滅ぼす

第1章

敗北史観に陥った言論界

渡部　先日、『諸君！』の休刊が発表されましたが、私は二代目の安藤満編集長のときにはじめて『諸君！』に書きました。楚人冠《そじんかん》（杉村楚人冠＝大正から昭和にかけて活躍した朝日新聞の大記者）の『最近新聞紙学』復刊の書評を書いたら巻頭論文になった（笑）。これは真っ正面から朝日新聞を批判した皮切りのものでしたね。そのころは、一年間に五回くらい巻頭論文を書いた記憶があります。

西尾　私は創刊三号目に、「文化の原理　政治の原理」を書きました。本当は創刊号に書かせてくれるはずだったのですが、田中健五編集長にずらされてしまった（笑）。それはさておき、私はそのころ、文芸誌『新潮』を主舞台にしていたので、七〇年代は渡部さんのほうがはるかに多く『諸君！』で活躍されていた記憶があります。

ただ竹内修司編集長時代に、私は「ソ連知識人との対話」（一九七八年十月号以降）を一年間『諸君！』に連載させてもらいました。

渡部　私は『諸君！』に書くまではずっと、『英語青年』や『英語教育』のようないわば専門の雑誌に執筆していました。ところが、日本文化会議で話したことを聞いた産経新聞からコラムを書いてほしいという依頼がきた。コラムでは「支那人は人肉を食す」という話を書いたのですが、これはのちに開高健《たけし》氏などが書いて有名になったものの当時はまだよく知られていませんでした。産経新聞も困ったのか、隅っこのほうに小さく小さく掲載した（笑）。

それを読んだ安藤編集長の依頼で、書評のつもりで書いた原稿が『諸君！』へのデビューです。

西尾　渡部先生がいま、言われた日本文化会議の話をしなければなりませんね。『諸君！』は多少、知識人の成立次第に関係があります。その裏話は生き残りでは（笑）、私がいちばん知っているかもしれません。

そもそもは戦後、丸山真男や吉野源三郎の一派と、雑誌『心』に依拠していた安倍能成《よししげ》や竹山道雄は同じグループでした。それが一九四八年か四九年あたりに分かれて、『心』に保守系の文化人が依拠するようになった。文化人が、『世界』を中心とする共産党系グループと、『心』を中心とする保守系とに分かれたのです。

その後、保守系の文化人は「文化フォーラム」というものをつくり、雑誌『自由』が発刊されたのは一九五九年。『諸君！』発刊の一〇年前です。ですから六〇年代は、『自由』が非常に活発に活動していました。

ところが六〇年安保で社会に大きな動乱が起きた。これを知識人が心配して、『自由』にテコ入れして大きな保守運動にしなければ、七〇年の安保改定でまたとんでもないことが起きるのではないか、と考えました。中国の文化大革命へのマスコミの無反省な礼賛に対する批判もありました。そこで田中美知太郎や小林秀雄、福田恆存《つねあり》、林健太郎、竹山道雄、三島由紀夫、佐伯彰一、会田雄次などが日本文化会議を立ち上げた。事務局として、若かりし村松剛《たけし》、若泉敬《けい》などが活躍した時代です。

日本文化会議はやはり場としての雑誌が必要だと考えて、まず『自由』を新潮社が買い取るという話を持ちかけました。ここで新潮社と文藝春秋の運命が変わることになります。そのとき、新潮社が『自由』を買い取って保守文化人との交流ができていれば、文藝春秋と競合することになり、新潮社はいまのような出版社にはならなかった。

しかしこの話は『自由』の石原萠記社長が納得しなかったために、流れることになりました。そして日本文化会議は、文藝春秋との話し合いに転じることになった。

渡部 そこで文藝春秋の社内では大揉《も》めに揉めたのですよね。

西尾 そうです。文藝春秋から『文化会議』という雑誌を出すことに対して、ひとつの団体のヒモつきになるのはよくないと文藝春秋社内で猛烈な反対が起こりました。社員約一二〇人の猛反対で、賛成は七人しかいなかったらしい。そのときに賛成した七人のなかには、のちの『諸君!』『文藝春秋』編集長である堤堯氏、現在『W i L L』編集長の花田さんなどがいたそうです。

社員がそこまで言うならと池島さんは、一度約束してきたのに請負出版を引っこめた。その代わりとして自前で『オピニオン』という雑誌を出すことになった。しかし、この「オピニオン」はすでに商標登録されていたため、『諸君』という雑誌名でスタートすることになったというわけです。

しかしいざ『諸君』という名で雑誌が出たときは、私はとてもがっかりした記憶がありますね。誌名が何だか、おちゃらけているというか。三号目か四号目からは「！」までつくし（笑）。

渡部　一九六八年、私がニュージャージーにいたころに、福田恆存氏がアメリカにいらしたことがあります。ニューヨークで一緒に食事をということで呼んでくださった。

そのころ、六〇年安保の余波がまだ続いていて、どうするかということを非常に心配しておられました。そのときに雑誌の話が出て、私はどういう雑誌なのか関心がなかったのですが、いまから考えるとそれは『諸君！』のことでした。のちに日本に帰ってみると、「！」がついた雑誌があった（笑）。

独立、親日の主張はある

西尾　そう、福田氏は七〇年安保を非常に心配して保守系の雑誌が必要だと考え、それが『諸君！』の発刊にもつながったのです。

私は『新潮』で主に執筆し、その後『諸君!』や『文藝春秋』でも執筆してきましたが、その長い歳月のなかで新潮社と文藝春秋の違いは『諸君!』があるかないかだ、ということを感じることが何度もありました。新潮社は「文壇」を大事にするあまり、ついに言論雑誌をもつことができなかった。

文藝春秋は『諸君!』があるだけで、「朝日新聞VS.文藝春秋」という社会をリードする対立構図を打ち出すことに成功しました。しかしその対立構図はその後、「朝日新聞VS.産経新聞」となって文藝春秋は退くことになった。そして、その産経新聞すらも変質しているというのがいまの実情です。

ともかく、「朝日新聞VS.文藝春秋」という構図で、朝日新聞の敗戦国文化に対し背筋を張ることができたのは、『諸君!』があったからですよ。

渡部 そのとおりだと思います。

西尾 『諸君!』を休刊してしまって、文藝春秋は社員教育をどうやって行うつもりなんでしょう。保守系知識人たちと会い、接することは、目に見えない形で思想の潮流というものを身に受けることになる。現に、いまの文藝春秋の役員は、『諸君!』編集長経験者が多い。

それが文藝春秋と新潮社との違いだと私は見ていたのですが、背骨であったはずの雑誌をなくしてしまったらもはや文藝春秋ではありません。なくしたいからなくすのだ、とも言えますが（笑）、このままだと文藝春秋は危ないですね。

渡部　新聞報道では、『諸君！』は〇五年八月までの一年間の平均発行部数は八万部強だったらしいですが、その後〇八年九月まででは約六万五〇〇〇部ということです。しかし、よく見てみると一万五〇〇〇部ほどしか部数は減っていない。実売は四万部を切っていたらしいですが、発行部数の減り方を見ると休刊の理由としては弱い気がしますね。

まず、『文藝春秋』について言うと、朝日新聞やNHKが報じない話題を取り上げることで国民的支持を得たという印象をもっています。たとえば、有名な「天皇陛下、大いに笑う」にしても、当時は天皇制度に触れるのはタブーという雰囲気があったなかで掲載されました。

また、いまでもはっきり覚えているのは、真珠湾攻撃の総指揮官であった淵田美津雄《ふちだみつお》の手記が掲載されたことです。まだ昭和二十年代でしたが、その手記には「三百何十機という戦闘機を引き連れて朝日を浴びて真珠湾に向かいながら、よくぞ日本男子に生まれけり、これで死んでもいいという気持ちになった」というようなことが生き生きと書かれていた。あのような手記をどんどん掲載する雑誌というのは、当時日本にはありませんでした。

西尾　当時は『文藝春秋』の部数は毎号一〇万部ずつ伸びたと言われていますね。

渡部　そして、七〇年安保に対する憂いから『諸君！』が創刊された。そのときの『諸君！』のスタンスは反左翼、とくに反ソ連でした。

西尾　反文化大革命もありましたね。

渡部　そう、それもありましたね。しかしソ連が解体し、鄧小平《とうしょうへい》以下の共産中国が市場経済を標榜《ひょうぼう》し始めると、その対立構造がぼやけてきた。自民党がだらしなくなったのと同じように、『諸君！』も何と喧嘩《けんか》していいのかわからなくなったというのがあるのではないかと思います。

そこで大事なことは、ソ連解体や、中国がカネ儲《もう》けに奔走するようになったあとでも、喧嘩する相手は依然としてあるということです。つまり、対立軸はある。それは東京裁判史観の範囲内で言論を続けるか、これを破ろうとするかということです。

西尾　そう！　それです！

渡部　しかし、『諸君！』からはその対立軸が弱まったという印象がありますね。

何かに遠慮する『文藝春秋』

西尾　そのとおりだと思います。たしかに、朝日新聞やＮＨＫの報道が公的意見としてあって、それにジャブを入れる在野の精神の自由で伸び伸びとした存在である『文藝春秋』という構図があった。ところがその『文藝春秋』が、ＮＨＫや朝日新聞に近づいてしまったということです。

『文藝春秋』はいまや、何かに遠慮するような言論しか掲載していません。ビクビクしていて、中性的、公論的な、言い換えれば衛生無害な雑誌でしかない。三島由紀夫は日本を指して「無機的な、からっぽな、ニュートラルな、中間色の」と表現しましたが、それは朝日新聞やNHKでもあります。敗戦国文化なのですね。

『文藝春秋』はそれに対する巧妙なアンチテーゼであったはずなのに、アンチどころか朝日、NHKに同化してしまった。そういう状況の影響をいまの『諸君！』までもがもろに受けていると思いますね。

渡部さんが言われたように、『諸君！』にしても『WiLL』にしても『正論』にしても敵がいないわけではない。敵ははっきりといるのですよ。日本国家を自立させるという目的の邪魔になるものは、敵です。日本はある意味でまだ属国ですから、「独立」という目的を掲げて、反米でもなければ反中でもなく、親日だという筋を一貫してとおすスタンス、主張は厳としてあるのです。

渡部　その対立構図が見えなくなった人が、文藝春秋の主流になったのではないか、という印象を受けます。

西尾　そのとおり。

渡部　いまの文藝春秋が半藤《はんどう》一利氏の色が強いのはたしかです。半藤氏は辞めてからのほうが文藝春秋に影響力をもっているらしいのはなぜか、不思議議です。

西尾　私はそれを「文藝春秋のビンの蓋《ふた》」と言いました（笑）。

渡部　（笑）。半藤氏は特別に部数を伸ばした編集長でもないのに、それがどうしていまの文藝春秋に影響力をもっているのかは謎ですね。

西尾　そうですね。私は『ＷｉＬＬ』四月号に、われわれが戦わなければならないいまの時代の〝典型的進歩的文化人〟は半藤一利、保阪《ほさか》正康、秦《はた》郁彦、五百旗頭《いおきべ》真らの諸氏であると宣言しました。

渡部　３Ｈプラスｌですね（笑）。

西尾　私や渡部さん、そして半藤氏らの世代は、若いときの戦争をどう理解するかによって、価値観が決定的に左と右に分かれますね。いったん左になってしまった人はどうにもならない。数からいくと、八対二くらいの割合で左が多いと思いますが……。

渡部　いま、西尾さんが言われたことは本当にそのとおりで、戦争中に学校のどの学年にいたかによって大きく価値観が変わります。

たとえば戦後の、林健太郎先生にしろ、防衛大学校長の猪木正道先生にしろ、まごうことなき反ソ連でした。しかし、満州国については完全に日本の単純侵略論でした。『紫禁城の黄昏』

（祥伝社刊）を書いた皇帝溥儀の家庭教師、ジョンストンや石原莞爾の考えがまったく入っていない。

調べてみると、彼らは戦争中、昭和十年代の中頃《ごろ》は秀才の大学生で左翼なのです。あのころのコミンテルン系統の知識が一度入るともうその固定観念から抜け出せない。ちょうど満州建国のころに、コミンテルンの画策が何段階か経て左翼学生に入り、単純な満州侵略説が彼らに根付いた。そういう知識をもっているのが当時は「知識人」で、自分たちの知識が正しいと思っているなかで終戦を迎えました。

戦後は共産党への嫌悪感がありましたから、彼らでも『諸君！』のスタンスとピタッと合った。しかし、満州の話になるとやはり彼らは左翼です。そして、いつのまにか中国が共産主義国でないかのような経済政策をとるようになると、対立軸を失い、やはり左翼だということが明らかになったわけです。

西尾　林健太郎先生は戦争中、日米開戦を耳にして「しめた。これで帝国主義国家同士が戦いを始めた」と思ったそうです。そんなことは戦時中には口外できませんが、彼は共産主義者でしたから仲間内では言っていたでしょう。

しかし戦後は隠しておけばいいものを、林先生は正直な人なので、『諸君！』の「あなたは開戦をどう思いましたか」というアンケートの問いに、「自分はしめたと思った」と答えた

（笑）。「日米資本主義国家同士が戦う」ことはコミンテルンの方針そのものですが、それを「しめた」と思ったほどだったのです。ゾルゲや尾崎秀実《ほつみ》の時代ですからね。

渡部 そうです。戦時中の共産主義者やシンパが、戦後、共産主義嫌いになった例などいくらでもあります。ですから、戦後の共産党嫌いが戦時中もそうだということはありません。いちばんいい試金石は、満州国をどう考えるかです。

西尾 ナベツネ（渡邉恒雄読売新聞主筆）はどうですか？

渡部 彼の書いたものをじっくり読んだことはありませんのでよく知りませんが、若いころは共産主義だったそうですね。そしてまたいまごろ、共産主義的な発言をするようになっています。これはやはり、ソ連がなくなって恐くなくなると、また共産主義がよくなるということでしょう。恐くない共産主義というのが、魅力的に見える。

もうひとつの見方を言えば、老人性結核と同じで、若いころに結核を患った人が年老いて弱るとまた結核が出ると言いますね。それと同じようなものだとも言える（笑）。

西尾 西武デパートの元社長である堤清二氏（作家、辻井喬）もそうで、本卦帰りしてしまっていますね。

渡部 そうでしょう。肉体的に弱ると結核が出てくるのと同じように、脳が弱ると出てくるんですよ（笑）。

西尾　まったくそのとおりで（笑）、みんな本卦帰りしてますよ。西部邁氏もそうですね。

渡部　そうでしょうね。

五歳違いの戦争観

西尾　私と渡部さんの微妙な年齢の差は、欧米の侵略について私は南洋に関心があり、渡部さんは中国大陸に関心があるというところに出ているようにも思います。もちろん、どちらかというと、ということで、戦争の全体を見てはいるのですが、多少ともそういう違いがあるように思える。

これは戦時中、子どもだった私たちが何歳だったかに関係があるのではないでしょうか。私は昭和十七年、シンガポール陥落後、間もなくして小学校に入学しました。ですから子どものころは部屋に『幼年倶楽部』の付録に付いていた太平洋の地図を貼っていた。その地図に、戦艦を何隻、巡洋艦を何隻撃沈したなどと切り抜き絵を貼って遊んでいました。とくにマレー沖海戦や珊瑚海海戦などは華やかでたくさん貼り付けた記憶があります。

日本の南の戦果がどんどんあがっていたときにやっと小学生くらいでしたから、私には中国大陸の動きというのはあまり目に入っていませんでした。大人になるまで西安が中国大陸のどこにあるのかよくわからなかったくらいですよ。
　渡部さんとは五歳違いますが、あのときの五歳の差というのはかなり決定的で、感性がまったく違うのではないですか？
渡部　私の子どものころはサトウハチローさんの少年少女小説『ユーモア艦隊』などがありましたね。古本屋でしか手に入りませんでしたが、『ユーモア艦隊』のテーマのひとつは第一次上海事変でした。爆弾三勇士の話です。
西尾　爆弾三勇士は私も知っていましたよ。「講談社の絵本」で。
渡部　それから支那事変が起こって南京が陥落したときには、本土では旗行列をやっていたわけです。「南京ついに陥落す」という歌なんて知らないでしょう？
西尾　知りませんね（笑）。だって昭和十二年ですから、私はまだ二歳ですよ。
渡部　『南京陥落の歌』、いままで知ってる人に会ったことないですから、ちょっと歌ってみましょう（笑）。
「南京ついに陥落す／万歳の声どよもして／とどろけ凱歌《がいか》／日の丸の／旗うちふりていざ祝え／わが一億の同胞《はらから》よ」
西尾　聞いたこともありませんので、じゃ、私も少し（笑）。
「勝ち抜く僕ら／少国民／天皇陛下のおんために／死ねと教えた父母の……」（『勝ち抜く僕ら

少国民』）

渡部　（ともに歌って）これはずいぶんあとですよ（笑）。

西尾　（笑）。これを私たちは生徒全員で歌いながら、小学校三年生だったと思いますが、山に薪拾いに行った覚えがあります。どうして薪なんて、と思っていましたが、それがどこに使われたのかは知りません。しかし他にも「いざ来いニミッツ、マッカーサー／出てくりゃ地獄へさか落とし……」（『比島決戦の歌』）などと大声を上げて歌いながら歩いたのを覚えていますね。

下っ端で入隊した人

渡部　私はやはり兵隊さんを見送るときに毎日歌っていた「天に代りて不義を討つ……」をいちばんに思い出しますね。

西尾　『日本陸軍』ですね。一番は「出征」、二番は「斥候兵」、三番は「工兵」と、それはもう私も歌いました。

渡部　この歌は一〇番まであって、それをすべて暗記するのが当時の記憶のよい子どもたちの誇りでした。ところが、九番と一〇番は学校では歌ってはいけないと言われた。九番は「凱旋」で一〇番は「平和」だからです。まだ戦争は終わっていないからだめだと言われた。
西尾　そんな話ははじめて聞きますよ。
渡部　私たちは早く最後の九番と一〇番を歌いたいと思っていたのですが、終わらないんですよ支那事変が（笑）。
　私は『キング』という総合雑誌を読んでいたのですが、支那事変の特別付録などは今見ても面白いですよ。支那事変があったので韓国の貴族の婦人たちが金の指輪を献納したという話が掲載されている。嘘じゃないですよ。その雑誌はいまもうちにあります。
西尾　私はそのあたりの話は知らないんですよね。小学校三年生になって疎開しましたが、そのときの空襲の記憶が大きい。そして小学校四年生のときに山奥で終戦を迎えました。やはり五歳の差は大きい。
渡部　そういう世代差について面白い見方をされたのは、私と同じ年齢の岡崎久彦氏です。岡崎氏は昭和五年くらいの生まれの人は全体がよく見えたと言います。その上くらいになると、兵隊にとられていて、しかも下っ端として入隊しているので殴られた記憶しかなく、全体をよく見ることができない。
　それ以前の生まれになると、岸信介《のぶすけ》くらいの年齢の人たちが全体が見えますが、中曽根康弘氏くらいの年齢だと会社が潰れたときに係長にもなっていないようなもので、全体像がわからないのだと、岡崎氏は言っています。

戦前の少年というのは戦局についてはものすごく早熟ですから、私たちの世代は非常によく全体像を見ることができました。そして被害は直接に受けていない。

西尾　ある程度、そうかもしれませんね。大岡昇平の一兵卒体験記も司馬遼太郎の歴史小説も、やはり戦争全体をとらえることができない。それは近すぎるんです。

渡部　そう、近すぎます。下っ端として参加したというのは、狭い強烈な史観をつくるのに大きい力があると思いますよ。

西尾　本当の戦争観、歴史観というのはこれからの日本人から出てくるのではないかと思いますね。本当に俯瞰《ふかん》した見方をするには、もう少し時間が必要です。私などは、その地ならし、残務整理というか、あるいは捨て石というか、どのような資料があるかなどをできるだけ残していくのが仕事だと思っています。

渡部　下っ端で戦争に参加していたような人がだめだというのがよくわかるのは、こういう例です。

戦前のことをよく知っている人、つまり公職追放すれすれだったとか、公職追放を解除されて政界に戻ったような人は、敗戦時から近い時期でも中国や韓国に謝罪するという発想はありません。それから靖国神社に参拝するのを遠慮しようという気もありません。

西尾　まったくありません。あるわけない。

渡部　そういう人が出てくるのは、中曽根氏あたりからです。じつにはっきりとわかりやすく、中曽根内閣では第一次教科書問題、靖国神社への首相の参拝をやめたり、藤尾文部大臣のクビをすぐに切ったりということがありました。藤尾文部大臣の件は、首相がすぐに大臣のクビを切るということの始まりでもある。非常にくっきりとそこで分かれました。

西尾　そうですよね。中曽根氏より前の人は、たとえば鮎川義介だったかが、まさかアメリカは朝鮮まで日本から奪うまいと思っていた、というようなことを言っていたくらいですからね。

渡部　中曽根氏以降の世代が問題なんですよ。

先ほどの岡崎氏の見方はどこから来ているかというと、彼は官公庁勤めですから年次の差がはっきりわかる。われわれにはそういう感覚はありませんが、彼らから見れば明確なのだそうです。岡崎氏いわく、やはり先の戦争をきちんと見ているのは岸氏の世代までで、中曽根氏の世代からは問題があるそうです。

『青い山脈』はプロパガンダ

西尾　終戦後、私は小学校四年生でしたが、そのころからいままで考え方は変わっていませんね。『わたしの昭和史』（新潮選書）のなかに中学校から付けていた日記について書いていますが、その日記には昭和二十三年の東京裁判判決についての記述があります。

私はどうも興奮していたようで、日記帳に新聞の切り抜きだけでなく、名前と刑を全部書き、日本が勝っていたらマッカーサーが絞首刑なんだと書いています。いまの考えとまったく変わっていない。

また心の変化についても書いていますが、たくさん本を読んで、侵略戦争云々ではなく、古い封建主義が日本を歪《ゆが》めたということを書いていますね。当時、侵略などという言葉はなく、日本が間違っていたというのは封建主義の国だからだというような教え方をするようになっていた。私もその影響を受けました。

封建主義というのは、古くさくて頭が悪くて、その真逆に『青い山脈』があるようなイメージでした。「封建おやじ」なんていう言葉が使われたりもして、日本中にそういう世界観が与えられた。『青い山脈』はじつはアメリカ民主主義のプロパガンダ映画ですが、そのことは当時は誰も気づいていなかったし、いまでも気づいていない人が多いかもしれません。

昭和二十三年の中学一年生の年には社会科で、「アメリカ研究」というものをやらされました。そのころは『ターザン』とか『わが谷は緑なりき』とか映画もはやって、レディファーストとか、国民はあっという間にアメリカナイズさせられましたね。渡部さんは子どものころといまと考え方は同じですか？

渡部 同じですね。私は戦前、アメリカからだんだん首を絞められてきている、という感じを実感としてもっていました。というのは、私も石油で軍艦や飛行機が動くことは知っていましたから、どうもその石油を売らないという話らしいと。支那事変の最中です。

そして本当に目の前が暗くなった気がしたのは、小学校五年生の夏ごろです。大人の新聞や『少国民新聞』というのを毎日読んでいましたが、昭和十六年「蘭印との石油交渉決裂」と見出しが出た。それを見て、日本はどうするんだろう、と子ども心に思いました。

中学に入ったのは昭和十八年ですが、その前年の昭和十七年の夏休みに父に連れられて松島見物に行きました。まだ呑気なところがありました。そして仙台に着いたときに第一次ソロモン海戦の臨時ニュースがあった。

西尾 そう、翌昭和十八年の夏でもまだそういう雰囲気でしたね。私は両親と兄と四人で千葉の稲毛海岸に海水浴に行きました。旅館ではまだ白いご飯が出ましたよ。

しかし秋になると、神宮外苑での雨中の出陣学徒壮行会があり、上野動物園の動物が射殺され、谷崎潤一郎の『細雪』が連載休止になりました。

昭和十九年に私は水戸へ疎開しますが、そのころには特攻隊があるということをはじめて知らされました。

渡部　秋ですね。

西尾　子ども心に、私も特攻隊になろうと思ったのを覚えています。そして夜中に、飛行機が落ちていくときには母のことを思い出すんだろうなと想像してうなされ、母にどうしたの？と起こされたのを記憶しています（笑）。

渡部　日本の男の子に生まれたプライドというものがありましたからね。私の息子たちの世代になると、もはやそれがないのが嘆かわしい。

戦争はじめのころは歌もいい歌が多くて、『ラバウル海軍航空隊』とか『空の神兵』などがありました。しかし、昭和十九年、二十年になっていくと歌が……。

西尾　湿っぽくなっていきましたね。

渡部　そう、湿っぽい。

当時、私たちは下駄ではなく、足駄《あしだ》で学校に通っていましたが、ある日、下校途中で姉に会って「サイパンが玉砕したよ」と言われて、ガックリした覚えがあります。

西尾　やっぱり大人なんですね。サイパンが玉砕したのは私も知っていましたが、戦局上のその意味というのはわかっていませんでした。

渡部　あれから急に奈落に落ちるように悪くなって行きました。あとから考えてみれば、サイパンが落ちたとき、マリアナ沖海戦で帝国海軍が消えたということです。あとはもう戦える海軍ではなくなった。

私はあとからサイパンが境だったとわかりましたが、それについては岸信介がずっと「サイパンを守れ」と主張していたそうです。しかし、東條英機に「軍事のことに口を出すな」と言われた。そしてサイパンが落ちたときに岸は「では辞めさせてもらう」と言い、結局、東條を道連れにして辞めました。

戦後知ったことですが、ここからも岸信介は戦争が見えていたということがわかります。

色濃くなる敗戦レジーム

西尾　ここでもう一度、言論界に話を戻します。『諸君！』の四月号に櫻田淳氏が寄稿しています。簡単に言うと、「今、日本では福祉価値と威信価値に分けられる。保守右翼の言論界ではひたすら後者を持ち上げて騒いでいるが、生ぬるい平和日本の政治情況は今後も変わらない。だから国家の威信価値を持ち上げる考え方の保守言論界はかつての反体制的左翼と同じようなナンセンスな穴の中に落ち込むだけだ」と、いかにも先読みしているかのような内容を記述しています。

渡部　小賢しいことを言っているなという感じがしましたね。

西尾　そう。彼が根本的に間違えているのは、威信価値と福祉価値、すなわち国家の威信と国民の生活を、二律背反でとらえていることです。私たちは何も国家の威信を取り立てて主張しているわけではなく、結果として国家の威信が出てくることを妨げはしません。

先ほど出た東京裁判史観の克服にせよ、日本の独立を考えることにせよ、生存本能の問題なのです。つまり国家の防衛は、簡単に言えば生きるか死ぬかという、サバイバルの問題で、国家がサバイバルしなければ個人もサバイバルできません。福祉も何もありません。そういうことで言えば、櫻田氏は単に自分のレベルから見て保守言論界が威信を求めているように見えるというだけで、自らの頭のなかが漫画であることを呪ったほうがいい。

私にしても渡部さんにしても、国家の威信を問題にしているのではなく、日本の自存について主張している。そのためには、自虐的な敗北史観や病的平和主義ではやっていけませんよということです。

先日、田中宇《さかい》氏がブログ（三月三日付）に次のような主旨のことを書いていました。

「テポドンが発射されたときに、日米は反撃すると言っているが、反撃に成功したとき、アメリカは自分はやっていない、日本がやったのだと言うかもしれない。そして北朝鮮は日本をいきなり正面の敵とする可能性がある。そうなると日本は正念場だが、日本がアメリカから独立するためには一度はくぐり抜ける必要があることなので日本のためにはいい」

田中氏はやや左寄りの人ですが、この人ですらこう言っているのだということを櫻田氏は知るべきです。田中氏はその後、小沢一郎氏の「第七艦隊だけでいい」という発言を引いて、だから自民党より民主党のほうがいいという展開をするので、そこは彼らしい反応ですが（笑）。

後半については私はそうは思いませんが、しかし左の人でさえもいよいよ日本の正念場だと言い出しているということは、現実は急速に動いているということで、これは左右を問わず免れない。これはいい傾向ですが、櫻田氏にはこの現実がまったく見えていない。

渡部　福祉価値と言いますが、アメリカがいちばん栄えたときにもイギリスがいちばん栄えたときにも貧乏な人というのは、たくさんいました。ソ連が栄えたとき、中国が栄えたときも多くの貧乏な人がいた。貧乏な人はいつでもいて、日本がいちばん少ないくらいです。ですから、櫻田氏の言う福祉価値と威信価値を対立構図として置く議論は問題になりません。対立軸を見失うからこういうことを言い出す。

戦後のいちばん重要なことは、アメリカ軍は日本を二十五年間ないし五十年間は占領するつもりだったということです。ですから、憲法も何もかもその前提でつくられている。アメリカの保護のもとにあるという前提です。それが朝鮮戦争が起こったために、アメリカは東京裁判で日本側の弁護人が主張した東アジア共産化の怖れが本当であったと気づき、すぐに講和条約を成立させせました。

しかしいまも、占領直後のアメリカが考えていた「日本人全員がインディアンの道を辿るまで占領しよう」という体制が続いています。そしてその体制に乗って出世した人間は、それに有利なことをし続ける。その再生産が続いているのです。

ですから安倍晋三氏が「戦後レジームからの脱却」と言ったのは少々不正確で、本来は「敗戦レジーム」「被占領レジーム」と言わなければなりません。それこそが対立軸となる。

西尾　そして、近年何かに怯《おび》えるごとくますます「敗戦レジーム」が色濃くなってきたという印象がありますね。少なくとも教科書問題が始まった二〇〇一年から二〇〇五年くらいまでは、まだ健全なほうに動いていたように思いますが、その後、おかしな事態になっています。ひところ八〇％までいった憲法改正賛成の％も下がってきているでしょう。

いま、アメリカは日本を守るつもりもないし、庇護《ひご》するつもりもないけれども、しかし手放すつもりもないし、自由にさせるつもりもないという様子見の状態です。

ですから日本も様子見をすればいい。しかし、様子見のあいだにしなければならない覚悟がたくさんあるのに、どんどん動きつつある現実の変化に言論界が思考停止状態になっているという逆現象が起こっています。これは何かというと、アメリカにすがりつきたいという自己救済衝動です。そのくらい日米関係のなかで、日本人のアメリカに対する依存心理が強い、病的状況だということです。

昔は平和憲法を守れという人は日米安保反対でした。いまは九条死守を言う人は安保がなくなったら大変だと思っている。左翼と親米派が手を結んで〝何もしない派〟になっている。それを正論とするというのが朝日新聞でありＮＨＫであり自民党であり、そしてついに文藝春秋です。そこまで来ているというのが私の感想です。

無意味な安保と日本

渡部　もうひとつ、ソ連の解体、中国の開放によって、アメリカが敵を失ったこともありますね。ですから、本当を言えばアメリカからすれば日米安保もいらない。日米安保は日本がソ連側についたら大変だということが前提で結ばれたものですからね。

時代が動いてソ連が恐くなくなり、中国は開放経済でアメリカの儲け口になった。そうすると、安保条約自体がすでに無意味になっているのです。無意味になっているにもかかわらず、日本はすがりつこうとしている。だから、日本はアメリカに頼るつもりでいてはいけないと、ずっと前から言われています。

西尾　しかしなかなか日本はそれができませんね。

渡部　中国が尖閣諸島に攻めてきた場合にアメリカは日米安保を発動させるかとの問いに、モンデール駐日米大使は否としました。あのころからすでにわかっていたことです。

田母神《たもがみ》俊雄前空幕長が、ＮＡＴＯにおいてはアメリカとの核シェアリングがなされていて、核を撃つ必要があるときはアメリカとともに撃てるということを一般に知らせてくれました。しかし、まだ日本はアメリカと核シェアリングができていない。これについては誰も言わなかったし、田母神氏も空幕長の職から離れるまで言えなかった。田母神氏をクビにしたおかげで、ようやくわかったことです。これはものすごく重要なことですよ。

西尾　田母神氏も何度も言われてますね。

渡部　日本との核シェアリングをアメリカが認めないということは、アメリカが日本を信用していないということです。日本が核シェアリングを要求し、アメリカがそれを断ったとき、では自前で核をもつと言うことのできる胆力のある政治家がいるか。それが問われています。

西尾　最近、フライングタイガーのことを調べていたのですが、アメリカ人は日本よりも中国のほうが好きだったということがよくわかります。パールハーバーでやられた直後、それより前からアメリカ人のプライドを守っていたのが中国戦線であったことに彼らは気がつきました。ですから、アメリカ人と中国人はいまでも戦友会をやっているといいます。そこにパパ・ブッシュや江沢民《こうたくみん》（元国家主席）が出席し、いかに日本をやっつけたかという話をしている。

アメリカと中国は一度も戦争をしたことがないし、味方でもあったわけです。ですから戦後、六〇年経つと共産主義が崩壊したこともあり、旧敵国と連合軍という見方が復活して、アメリカと中国が接近しているのも頷《うなず》けます。

ここで、いったいアメリカとはどういう国なのかという話をしたい。あのリヴァイアサン、巨大な獣のような国に、日本は不運にも振り回されました。実際にはアメリカのもつ闇のような力が二十世紀を席巻し、それが説明のできない行動を取り続け、いまもなお続いている。

アメリカの対日攻撃には理由も目的も、何もなかったのです。にもかかわらず日本を敵にし、それでまた大損しているのもアメリカ自身です。他の国でも、アメリカが手を出した国は全部、アメリカが大損している。つまり、戦争をしたくて仕方がないだけの国かもしれません。そういう面倒くさい国が経済危機に陥ったら、そこから脱却するためにまた何か始めるかもしれない。

この厄介な大国とどう付き合うか。しかもそれが中国と手を組む可能性が十分に高い。そのとき、やはり言論界は、いかに日本が経済的にも政治的にも自存自衛できるかについて論じる必要があります。下手にアメリカに魂を抜かれたり、巨額をもって行かれたりされては困る。
麻生総理（二〇〇八年九月―二〇〇九年九月）がロシアを訪問しましたがあれはいいことで、アメリカは中国よりもやはりロシアを警戒しているのです。ですから、日本がロシアと接近することには神経を尖《とが》らせていると思います。

重大事件の第一位は原爆

渡部　ロシアよりも中国よりもアメリカが警戒しているのは、やはりまだ日本なんですよ。二〇〇〇年に二十一世紀になるということで、アメリカ人の二十世紀における重大事件という世論調査がありました。第一位は、日本に原爆を落としたことです。第二位は、月面着陸、第三位も日本に関することで、彼らにとって日本はとてつもない存在なのです。ナチスについてなどはずっとずっと下位なのですから。

西尾　それはおかしな話ですね。

渡部　彼らは頭のなかには日本が、大きな大きな地位を占めている。それを忘れてはいけないと思います。
同じくいろんな日本の著名人に二十世紀の最大事件を聞いた新聞記事を見たときには、お人好しな日本人にがっかりしましたね。緒方貞子氏（上智大学名誉教授）のお答えには、二十世紀の大事件のなかに日露戦争が入っていなかったからです。もっとも国際的な尊敬される活動をしている日本人が、日本人として日露戦争を二十世紀の大事件として考えていない。これほど危機的な精神状況はありませんよ。

西尾　それは初耳ですね。二十世紀の日本は二勝一敗です。なぜこの一敗にこれほどまでにこだわるのか。これは敵国偏愛心理で、日本人の病理的心理状況を表しています。

　女性が犯されて、しかし犯した男を愛してしまうということがあるように、日本人は厄介なことにアメリカが好きなんですよ。戦前から好きなのです。

　先ほど、アメリカをリヴァイアサンと言いましたが、同時にアメリカ文化は明るくて普遍的。そして悪いことをうんとしながらもケロッとしていられる。ある人がこれをプロレス性と言いました。つまりプロレスはレフリーの見ていないところでアンフェアなことをどんどんやりますが、表向きは絶対に正しいような顔をする。アメリカという国はそういう国ですよね。

　われわれはそれを知らないで生真面目にアメリカと付き合ってきましたが、戦後、「従僕」としてアメリカを見てきた日本は、だんだんとアメリカのそういう特性がわかってきました。しかし、いかんせん日本人は極端に臆病になっていませんか？

渡部　そうです。それはやはり占領軍のプレスコードに端を発しているのですよ。占領軍の悪口を言ってはいけない、など三〇項目の禁止事項によって、どんどんと日本人は骨抜きにされました。すぐに公職追放になるのですから、怯えます。その後、日本人の口からは、「そんなこと言ってもいいんですか？」という言葉をよく聞くようになりましたよ。

アメリカの行動について私の目を開かせてくれたのは、Ｇ・Ｋ・チェスタトンの弟のセシル・チェスタトンです。ジャーナリストですが、第一次大戦に参加してアメリカ史を書きました。これがホーム・ユニバーシティ・ライブラリから出版されたのですが、権威のあるライブラリですので事実に関してはプロがチェックをしたため間違いなく読める。

そのなかで印象に残ったのは、アメリカには中世がなかったということです。アメリカに移民したのはピューリタンですから、プロテスタントのいちばんラジカルな人たちでした。彼らは「中世は悪いものだ、暗黒時代だ」と決めつけていたので、過去をぜんぜん見ない。それによって何を失ったかというと、中世一〇〇〇年のあいだの智恵と知識、それがすっぽりと抜け落ちた。中世は悪いものだとしているので、必要とあらば手本はギリシャ・ローマになります。ですから建物もゴシック建築はなく、みんなギリシャ・ローマふうです。

ギリシャ・ローマを手本にして何をもってきたかというと、奴隷制度です。もちろんすでに中世ヨーロッパでは廃止されていました。

また、中世がないことのもうひとつの特徴は、騎士道がないということです。騎士道とは戦う場合、お互いが平等ということです。ですから、騎士道には勝ち負けはあっても、善悪はありません。ところがその伝統がアメリカにはありませんから、自分たちが勝手なことをしたいときに邪魔になるのが悪で、敵となる。

西尾　リンカーンですね。

渡部　インディアンが邪魔になればインディアンを殺す、日本が敵対すれば日本人を殺す。それだけの話なのです。

騎士道、日本では武士道ですが、その伝統は封建制度のある国には必ず少しはあるものです。旅順の戦いでも、日本は「昨日の敵は今日の友」としました。第一次大戦でも戦争犯罪人として裁かれた人はいなかった。ところがこの前の戦争は、完全にアメリカの主導で敵を裁くという発想でした。

西尾　まさにそのアメリカによる「裁き」の思想の問題性は、『Ｗ·ｉＬＬ』四月号に私が書いたばかりのテーマです。それからいまお話しになったアメリカに封建制度がないというご指摘は非常に重要で、中国にも封建制度はありません。ですから、アメリカと中国は似ているのですよ。

どこが似ているかというと、封建制度があるということは小集団社会が歴史のなかに存在するということです。小集団社会というのは、封建制度のなかで村落共同体であったり、騎士団であったり、諸侯団であったり、忠誠を誓う生きた人間がいて主従関係が結ばれる社会のことです。

主従関係こそ人間的コミュニケーションだというのは、荻生徂徠《おぎゅうそらい》もしきりに言ったことで、それがなくなった秦《しん》、漢《かん》以降の中国は砂を噛むような殺伐たる個人主義だと見ています。皇帝の下に忠誠を尽くして、皇帝以外はすべて奴隷だという価値観。

ですから、アメリカと中国は非常に似ています。まず、砂を噛むような個人主義、そしてパッと星条旗の下に集まる不思議な全体主義。そこからパワーが生まれる。いまの中国もそうで、よく中国を極端な個人主義と言いますが、それではなぜあの全体主義が壊れないかを説明できません。

そして日本とヨーロッパは似ていますね。

渡部　そうです。騎士道があったので、国際法は騎士の決闘を手本にしています。騎士の決闘――近代ヨーロッパでは紳士の決闘――というのは、十歩歩いてから戦うと決めたら七歩で振り返ったらけしからんというような取り決めをします。そして、十歩歩いて決闘した結果、殺されても誰も文句を言いません。しかし、殺されたから悪いとか、殺したほうが正しいというわけではない。戦時国際法とはそういうものです。

ですから戦争は犯罪ではない。戦争は主権国家同士がお互いに言い分があって起こるので、戦争自体は犯罪ではありません。戦争のやり方については一般市民を攻撃したりすれば戦争犯罪になりますが、たとえ負けても犯罪になるわけがないのです。

西尾　なぜ戦争が犯罪にならないかというと、戦争が始まるまでに言論のかぎりを尽くしているはずだということです。それから、他の戦争以外の手段、抑圧や反発も十分に尽くされているはずだ。しかしそれでもどうしても解決できなかったから、最後は戦争の手段に訴える。勝ったほうも負けたほうもそれを了解してスタートしているのですから、結果は甘受する。それが昔の戦争の観念でしたね。

対立軸を見失うな

渡部　この戦争に負けた側は犯罪者ではないということを認識することこそ、「敗戦レジーム」からの脱却、そして日本が独立して自存自衛するためにももっとも重要なことです。

戦後、文藝春秋はその対立軸をもっとももっていた出版社でした。朝日新聞の言論は変わっていないのですから、文藝春秋が変わったのでは困りますね。

西尾　文藝春秋は朝日新聞に吸い込まれたんですよ。

渡部　たしかに吸い込まれかかっているという印象があります。

西尾　あの敗戦国文化に読売新聞も吸い込まれました。そして産経新聞までもぐらついている。これはいったいなんなのか、ということです。

渡部　産経新聞はいまの正論路線を崩したら消えますよ。部数は少ないかもしれませんが、読者は朝日新聞VS.産経新聞ということで見ている。そこにレゾンデートルがあるわけですから、これがぐらついたら……。

西尾　もうかなりぐらついていますよ。

渡部　もう少しでもぐらついたら、誰も産経新聞に言及しなくなりますよ。産経新聞はあの路線をかっちり守るかぎりは潰れないと思います。

　同じく麻生総理も田母神問題でぐらつかなければ、三〇%の支持率は守れたんですよ。ところがメディアは麻生総理の支持率急落の理由を、漫画ばかり読んでいるからだとか漢字が読めないからだとか言っています。本当は違うということにメディアが気づいていないというのも情けない。また、気がついていたとしても朝日新聞やＮＨＫは言わない。田母神氏の応援になってしまうからです。

西尾　中核の保守の支持を得られないまま、左に翼《ウイング》を広げようとすれば、保守はその途端に滅びるのです。弱くなったのですから、中核を守るしかない。同じことを『諸君！』がやったとも言えます。

渡部　麻生現象のひとつですかね。

西尾　しかし、私たちが文藝春秋の噂《うわさ》をすることもこれで最後になるかもしれませんね。『諸君！』がなくなったら、あの会社は言論界と無関係になりますから。

渡部　そうですね。

西尾　文藝春秋は推理作家なんかを追いかけるだけの普通の出版社になりますからね。新潮社や小学館、講談社がそうですが、それと同じになります。言論雑誌を出さなくなった出版社は言論界と無関係になる。

渡部　そう。最初に言われた、新潮社が『諸君！』を引き受けなかったことで文藝春秋と運命を異にしたように、今度は文藝春秋が変わってしまうのですかね。

西尾　これから文藝春秋自体がどういう動きをするかにもよりますが、もはや、私たちとはどんどん距離ができる出版社になるのではないかとも予想されます。池島信平氏が地下で泣いているのではないでしょうか。

第2章

自由で教育は救えるか

中教審は臨教審のアンチ・テーゼ

西尾　今回の中央教育審議会が、臨時教育審議会に対して対抗意識をもっていたということはないんですが、私の解釈によれば、中教審の『審議経過報告』（以下、「中教審報告」）の内容は、結果的に臨教審のアンチ・テーゼになっていると思います。臨教審の基本にあったのが「教育の自由化」でした。これは「世界を考える京都座会」の提言に沿ったかたちで、教育に自由競争の導入を図ろうとしたものです。たとえば、通学区域を撤廃せよ（学校選択の自由）、塾を学校にせよ（民間による学校設置の自由）、といったアイデアなどが出されていた。これには米経済学者ミルトン・フリードマンの経済的教育論の発想が大本にあり、彼の著書『資本主義と自由』のなかに、教育に対する公権力のかかわり方は限定されたものでよく、政府の役割は「現在、飲食店を検査して、最低限の衛生基準を監督する」程度でよいという考えが書かれている。教育内容には公権力はいっさい関与するな、完全な自由放任にせよというわけです。臨教審では当初、こうしたアイデアが強く表に出て、そのために面白い議論がなされました。ところが、そういう臨教審の自由化論に対して文部省（現文部科学省）は危機感を抱くようになったこともあるでしょうが、臨教審の最終答申の段階になると、そのような表立ったラディカルなアイデアはいちおう静められたかたちになりました。でも、基本である自由化の傾向は連綿として残ってきたと思います。今回の大学審議会にもそれは流れています。大学審会長の石川忠雄慶応大学塾長は臨教審副会長でしたから、人事面の連続性もありますが、大学審の答申を見ても「大学設置基準の緩和」など「自由化」の方向に沿っています。

こうした自由化という大きな流れに対して、中教審は少しペシミスティック（悲観的）な対応をしています。というのは、自由競争はよいのだが、現実には受験競争というかたちで過度の集中が起こっていて、それがかえって不自由をもたらしているではないかと考えたからです。自由競争の結果、教育現場が行き詰まりを来している現実があるため、自由化を楽観できないわけです。

もちろん「中教審報告」は自由化を否定しているわけではありません。たとえば、高等学校の多様化、つまり自由化のためにさまざまな提言をしています。学科の選択の幅を広げたり学校・学科間の移動をしやすくするなどなど。しかし、新しいアイデアを出してもそれがおおむね受験競争に利用されてしまうという認識が、中教審がスタートした時点からあった。過度の受験競争が子どもたちに押しかぶさっているという現状認識は参加者のほとんどの一致した見解です。受験競争がすべての自由化を封殺してしまう。この受験競争に何らかの風穴が開かないかぎり、自由化は逆に不自由に作用するのではないかという危惧が残るわけです。中教審では「平等」と「効率」という対立図式で日本の教育をとらえています。自由化というのは「効率」を指すことになるのでしょうが、現状の教育が「平等」と「効率」の極度の緊張状態にあって、効率を高めようとしても、もう限界点に来ている。

政治的に潰された「自由化」

渡部　おっしゃるように臨教審は、「自由化」で出発したはずなのですが、香山《こうやま》健一教授（元学習院大学法学部教授）の弁を借りれば、「藤波孝生元官房長官の裏切りによって引っ繰り返った」んです。また、義務教育をあつかった第三部会の有田一寿《かずひさ》さん（元参議院議員）によって自由化が潰されたかたちになったんです。臨教審は、文部省といった省庁の枠を超えた審議会でしたから、その提言も文部省に対して強制力があるのではないかという期待が当初はあったんです。ところが、自由化の腰を折られたために、その後は文部省の審議会でも済む話ばかりになってしまったわけです。臨教審で本当に議論しなければならなかったのは、文部行政の枠組みにとらわれず、義務教育をも見直すことをやろうとしたんです。そういう次元の議論をしようとしたんですが、議題までも文部省の審議会並みに落ちてしまった。

西尾　中曽根内閣が文部省に屈伏したのですか。

渡部　というよりも、藤波さんが有田さんに共鳴して自由化の腰を折ったんですよ。それに、大学教育をあつかう第四部会にしても、自由化というよりも、私立大学の経営者たちの都合のいいかたちにまとまってしまった。私大の多様化、自由化をいうのなら、文部省から私学助成金などをもらうことはあってはならないことです。特別な研究プロジェクトに助成金を出してもらうのなら理解できますが、学生数に応じたようなかたちで助成金が出ているのは、私学の精神からしてもおかしい。そういう私学助成金をやめてはどうかとの意見もありました。

当然、私大の財政的な弱さをどうカバーするかという議論になるでしょう。臨教審には大蔵省（現財務省）も参加していたのですから、何らかの解決策は出せたはずですよ。私は、私学の財政問題は私学への寄付に税制優遇措置と大学側の対応措置を考えれば解決できると思っています。日本には寄付したい人がいっぱいいますよ。たとえば、東京で一〇〇坪もっている未亡人が相続人がいないので、母校に寄付して「山田花子寄付講座」というような講座を簡単に設けることができれば、無数の寄付講座が大学にできます。坪三〇〇万円ならば三億円になりますから、その金利が年間二一〇〇万円ほどになる。そうなると教授と助教授を置いた講座が十分開けます。ＯＢの寄付でそういう講座を設ければ人件費はゼロにもなります。そういう議論をなぜしなかったのかといえば、文部省は助成金を出すことによって、これまで干渉できなかった私大に口出しできるようになった、いわば権限が拡大したわけで、これを縮小しようとは考えたくないんです。そのため、いまや私大が官立化、官僚化しています。

昔は、私大学長というと、社会的信用があって寄付を集めることのできる人にしかやれなかった。ところがいまは何十億円という助成金が文部省から来ますから誰がやっても潰れない。まさに私学の堕落ですよ。文部省と私大経営者の利益が完全にドッキングしたかたちになってしまったから、それにもメスを入れるべきはずの臨教審が、それもできなかったんです。ですから、教育制度を議論するならば、こうした臨教審のスタート時点に戻らないといけないのです。臨教審は完全に誤魔化された審議会になったんです。

塾を学校として認めることの意味

西尾　誤魔化されたのは事実でしょう。当初の自由化論が力を失ったことも事実です。それはあまりにも内容が過激すぎて国民のコンセンサスを得ることができない面もあったと思いますよ。公立の小中学校の通学区域制を徹廃して自由競争をさせようというが、日本の初等中等教育の公教育は、さまざまな子どもたちが混住して暮らしている地域の子どもに、平均した教育内容を与えることで非常に効率を上げてきたのです。その地域性をなくしてしまうと、大学の序列からくる公立校の序列化をさらに推し進め、いっそう進学競争を激化させてしまう。いま問題になっているのは、小学校段階から受験競争が始まっていることです。通学区域制を撤廃すると、公立校に優勝劣敗が発生する。以前に天谷《あまや》直弘さん（経済評論家）と対談したとき、天谷さんは「リンゴを選ぶことができるのに、学校を選ぶことができないのはおかしい」と言われたが、リンゴは値段に差がつくことで、よいリンゴ悪いリンゴが決まる。だから公平になるというけれども、学校にそういう差ができることは公平とは違います。とくに義務教育段階で差ができるのはまずい。幼い子どもの心に抑圧や不安を与えます。臨教審の最初のアイデアも過激なものだったのです。徹底的に受験競争に利用されるしかない「通学区域の撤廃」といったような案が、国民に不安を与えたんです。

渡部　国民は関係ありませんよ。

西尾　しかし、結果的に自由化路線は終息せざるを得なかったわけでしょう。

渡部　それは政治的に終息せしめられたんです。自由化について正論を吐いた人たちは次の審議会に誰も入っていない。これは明らかに権力が排除したのであって、決して国民に支持がなかったというのではないんです。過激なアイデアだと言われるが、義務教育にしても、塾の教育を「初等教育として認めてもよい」というだけで済むことなんです。一文の税金もいらない。昭和十六年に国民学校法ができるまではそうだったんです。それをヒトラーのドイツを真似て、国民学校制を採用して学区制を採り入れ、小学生の義務としたんです。「教育の義務」

とはそもそも親の義務なのです。だから、親が教育すれば極端な話が子どもは学校にやらなくてもよかった。朝倉文夫という彫刻家は子どもを学校に入れないで、自分で教えた。また、トットちゃんの学校も払い下げの市内電車を校舎代わりにして、そこに教える先生がいれば学校だったんです。ところが、国民学校制によって文部省がその権限をもち、予算枠も大きくなって初等局長が文部次官になるようになった。

戦後は、「国民学校」を「小学校」にしただけで、基本的に変わっていない。また、国民学校によって私立の小学校をなくす方針だったんです。それで、私立学校がはじめて団結して、それを阻止して何とか生き延びてきたんです。だから焼けてなくなると再建できなかった。それというのも、小学校には設置基準がない。設置基準がないということは、小学校をつくっても許可したくなければしなくてよいわけです。だから、ほとんど私立小学校は増えていないんです。

西尾　たしかにほとんど増えてないですね。

渡部　それはつくれないからなんです。戦前からあったところだけ。よほど有力な人がバックにいないかぎりは新設はほとんど不可能なんです。

受験競争に与する公立中高一貫校の実現は無理

西尾　しかしながら、小学校教育に関しては、公立校が国民的な規模で信頼されています。それが、中学以降になると大きな問題が生じるわけです。そこで一貫教育が浮上してきたわけですが、中教審で主婦の高橋雅子さんが意見を述べ、最近の中高一貫教育の過熱ぶりについて話されました。その理由として、ひとつが、高校や大学入試を避けたいから、つまり、子どもの才能が入試のために生かされないから。さらに、早く入れないと有名大学に入れるかどうか不安になるから。そしてもうひとつの理由が、親が発言力をもつ唯一の入学試験が中学入試だということです。高校入試になると、親と子どもと先生の三者面談があって、親と先生と意見が対立したりする。だから、先生が口出しできない段階で、私立の中高一貫校に入れてしまうというのです。

この中高一貫教育は、臨教審答申にも盛られたものです。私立における教育成果を公立校でも取り入れたらどうかというものです。提言のなかではいちばん穏健なものですが、今日まで実現を見ていません。文部省の教育課程委員会でその実現の可能性について議論したそうですが、まず、高校は義務教育ではないのでむずかしいと。公立校で六年制一貫校をつくる条件としては義務教育を三年延ばして、六三三制を六六制、四八制に移行したらいいのですが、高校の進学率が九五％だから義務教育にするというには問題がありすぎます。そもそも進学率九五％自体が異常です。教科内容を理解できない者までが高校に進学している実態を考えると、進学率は七五〜八〇％に下がってもいい。そのほうがむしろ健全なんです。ですから公立一貫校は無理なんです。

それに公立校が私立進学校の真似をするわけにはいかないんですよ。公教育は一握りの者のためにあるわけではない。自由競争になると、よい面もあろうが、非凡な者がそうではない者たちを蹴散《けち》らす構造になるわけで、大学入試の年齢ではいいだろうが、小学生の幼い時期にそういうことが起きるのは好ましくない。公立の中高一貫校に入るために受験競争が過熱したのでは、かえって悪影響をおよぼします。どうしても、公立で中高一貫校をつくるなら、クジ引きでもして受験校化を防ぐしかないという結論がでたんです。それでは役に立たないから見送られたわけです。つまり、臨教審は小学校をも自由競争のなかに投げ込めという過激なアイデアを出したわけですが、そのなかのもっとも穏健な中高一貫校のアイデアさえも見送られた。つまり自由化も、受験競争に蝕まれている現実の前には実現がむずかしくなっているわけです。

私立学校の絶対数が少ないから過激化する

渡部　その議論ははじめからボタンが掛け違っています。競争といえばすぐに生徒同士の競争を考えますが、私はシステム同士の競争をまず考えてみるべきだと思っています。塾と学校を競争させてみたらいいんです。公立校もあり私立校もあり塾もありでいい。それを全部、初等教育として認めたらいいんです。しかし、初等中等教育の機関は公立校の独壇場でした。私立校といっても小中学校となるとほとんどなくて、名門大学付属にあるくらいです。そのために現在、競争がすごくなっているのです。絶対数が少ないから競争が過熱するわけで、塾を学校として認めれば緩和されますよ。

西尾　私には、そういう考え方はとても受け入れられないなあ。

渡部　昭和十六年以前の教育システムに戻せばいいだけなんですよ。

西尾　子どもにはある程度、国が定める一定の教育内容の枠が必要です。もっとも、教科書まで国定だった戦前のほうが、そうした制約は大きかったんですよ。

渡部　しかし、トットちゃんの学校や、朝倉さんみたいなものを認める余裕があった。

西尾　それは競争がまだおだやかな世の中であって、戦前は、学歴競争、受験競争が大衆社会の末端にまでおよぶという構造では、少なくともなかった。旧制中学の進学率が昭和十六年で一八％くらいです。いまの大学進学率の半分ですよ。もし、塾でも何でもいいから初等教育機関として承認するという方針をとった場合、いちばん懸念されるのは、子どもの幅広い人格的成長が阻害されないか、ということなんです。いま、進学中心の中高一貫校においてさえも、ゆとりある教育というより受験偏重のカリキュラムになっています。技術家庭はやらない、音楽は週二時間を一時間にするが、数学は三時間を五時間、英語は三時間なのに六時間というようにしてやっている。これでは、共同社会で生きていくための集団的生活を覚えさせるためにきわめてうまくやってきた日本の初等中等教育が、塾も学校として認めることですっかり破壊されてしまうのではないだろうか。まさに幼稚園の受験生を集めることを国がすすめることにもなるわけで、これは決して子どものためにはならないと思います。

渡部　それは迷信ですよ。何が子どものためになるかということは親に任せておけばいいことです。塾といっても、教育熱心な先生のなかには塾をやりたい人がいっぱいいます。しかし、いま塾をやっても朝の七時半から五時まで学校に拘束されているから、他の時間に塾をやるとなると、子どものためによくないからやらないというのです。だから、塾でも初等教育ができるとなると、優秀な先生方がたくさん塾をやるようになるでしょう。なかには朝五時からやる塾も出てくる。朝早くに起きること自体が教育効果であって、早起きには不良少年はいないんです。頭の清々しい五時から七時のあいだに勉強を終えて、朝食も先生と一緒にお祈りして食べることだってできます。食前に祈ることは公立ではできない。朝食後、昼まで多少の授業をして、午後は子どもを完全に自由に遊ばせてやればいいんです。また、いまの小学校では特殊な才能を伸ばしたい子どもにとっては苦しいだけです。日本の初等教育がうまくいっているというのは、根拠なき断定ですよ。

西尾　たしかに才能をもっている子どもや平均以上の子どもには、いまの小学校では物足りないでしょうね。あるお母さんが、中教審専門委員の方ですが、こんなことを言っていました。自分の娘が公立小学校で成績がよかったら、先生からお嬢さんはもう教えなくてもいいからと放置されてしまったというんです。先生たちは平均以下の子どもに目が向いているために、これ自体は日本の教育のいい面ですが、そのために能力のある子どもが自由放任にされ、能力に合わせた教育がなされないでいる。それならば、私立校に行ってその子のもっている力を発揮させたほうがいいというので、現在の私学熱となっていると思うんです。これは日本の公教育のひとつの欠点です。

一般論として単純な平等だけでは耐えがたいことがあるというのは認めます。ただだからといって、公教育の基準を離れて、早い時点で競争を始めるのはどうか。実際にどんどん低年齢化していて、中学受験の試験問題を見ると、異常なほどの難問が多く、常軌を逸しています。

そうとう激しい受験勉強をしないと入れない状態になっていて、これが、塾を学校として認めればもっと助長されるでしょう。

渡部　それは私立中学校の絶対数が少ないからですよ。義務教育段階の私立校はものすごく少ないから、競争が激化するんです。

西尾　地方はまだ県立優位です。東京は高校の約半数が私立で、絶対数が少ないとはいえないのに、その東京で競争がいちばん激しい。教育の競争は経済の競争と違って、需要と供給の関係では説明できないんですよ。

渡部　いわば、東京の私学熱は都市がもたらしたようやく息のつける所なんです。それさえも敵視するのはおかしいですよ。私立校が少ないのだから、塾でいいとなれば、必要な数になります。競争だって緩和されます。公立校はお子様ランチ意識をもった平均的な人にはいいんでしょうが、実際には大部分の人はそんなに平均的ではない。平均化されて平均的なものが出てくるんです。

教育の量的拡大から質的向上への転換

西尾　社会状況としては、明治以来の教育の数量拡大が、子どもの数が減ることによって、終わろうとしている。いまからはいかに教育を質的に向上するかです。これは、日本社会が欧米に追いつけ追い越せという効率中心の社会から少しずつ質的に豊かな社会に変わっていこうとしていることともつながっています。その点で、公立学校は効率中心の国民的量的基盤をつくってきたとすれば、これからは豊かな社会、質の社会になると、選択の自由、生き方の多様化などを目指すだろうから、個性的な学校に行きたがるでしょうね。個性に合ったライフスタイルを重視しながらも結構ブランド志向で、学校の名前や場所を気にする若者が多いかもしれない。これからは私学の果たす比重がいままで以上に大きくなっていくでしょう。従来型の公立中心主義の教育が揺らいできて、その分、私学が強くなっていく。国公立校も私学的スタイルを取り入れていかざるを得ないのが、時代の趨勢《すうせい》ではあると思っています。

にもかかわらず、社会が自由化の傾向を求めて多様化していく一方で、その自由化が逆に手詰まり状態にもなっている。つまり、自由化が不公正を拡大しているというのが日本の教育の現状ではないだろうか。私学ブームのなかで私学に行きたがるが、序列が上がって入れなくなるという現象も起きています。つまり、自由化によって序列の競争に巻き込まれて、不自由になってしまうという矛盾を孕《はら》んでいるんです。これを打開しないと、私学礼賛、自由化礼賛だけではうまくいかない。

渡部　それは矛盾ではない。私が上智大学に入ったころは、官立校万能の時代で私立の上智大に入る者はどこかの大学を落ちた者か変わり者かです。いまでは、私大出身でもよいという人が増えました。社長になるにも私大であってもハンディでなくなった。だから、私大が混んできているんです。そうなると有名私大はレベルが上がるから、一ランク下の私大に行くことになる。それはそれでいいんです。昔は早稲田大学も慶応大学も公立大学に入れる学力があれば受かったんです。しかしいまはむずかしい。でもかつてのように、やさしくて入れる大学を探して入ればいいんですよ。

そのほうが、新しい教育理念を掲げて、建学の精神をもった人がまだ生きているところが多く、よい影響を受けることもあります。だから、矛盾ではないんです。

西尾　自由化、私学化、選択の自由の拡大そのものはいいんです。問題は、社会がそういう方向を求めているにもかかわらず、自由化が自由をもたらしてくれない。それが、根本的な矛盾だと、私は言っているんです。中教審報告で推薦制度の分析をしていますが、推薦方式はいままでの硬直した受験のやり方を多様化していくためにもいいことだと支持しています。しかし、そのいい面が自由化の結果、悪用されている。定員の一五％くらいが最高だと思いますが、大学のなかには定員が二〇〇人なのに三〇〇人を推薦入学でとり、あらかじめその数を明示しないで一般入試をやるという悪質なものも見られます。自由競争という名のもとに、自由が濫用《らんよう》されています。だから、いかなる制限も規制もなしで行われていいとは思わないんです。渡部さんはほっておけば淘汰《とうた》されるという考えなのでしょうが、淘汰されるまでに被害を受ける子どもたちがいるわけで、教育はモノの売買とは違うから、私はそう乱暴に考えることはできないと思っています。

渡部　正しい、正しくないは誰が決めるのですか。五科目で受験できなければ国公立大に入れない時代に、どれだけの人が惨めな思いで私立に行ったかわかりません。また、数学の試験科目がない経済学部は経済学部に値しないという風潮も強かったころもありました。しかし、それでは経済学部を受ける受験者が集まらないので、私大のなかには数学を外した経済学部もあったわけです。そんな学生は国公立大の基準からはクズみたいかもしれないが、案外、そうした私大を出た人のほうが実社会では、経営能力のある人間が出る。そういう実績があるから、私大人気になっているんです。だから、何がいい加減かいい加減でないかは本当のところわからないんです。推薦でたくさんとったっていいと思います。ただ不正な行為に対してはきちんと罰すればいい。ただし、私大は生徒がこないと潰れるわけですから、生徒を満足させ、親を満足させるようなものでないといけないわけで、そういい加減なことはできないと思いますよ。

自由による集中・寡占状態の排除の是非

西尾　日本の場合、入学試験のやり方が公正でなければならないという考え方が強くて、その方法がペーパーテストで一点きざみでやるのが正しい、一点でも低い者が落ちるのが公正だというふうに考えられています。だから、それに反することは不道徳だという意識が強く働くわけですが、じつはこの公平が新しい不公正の始まりでもある。ペーパーテストだけを基準にすると、どの階層が得をするかといえば、大都会に住んでいて、母親が家にいて塾の送り迎えができ、かなり教育熱心な家庭が断然有利なんです。ひとことで言えば、教育投資に過敏に反応する大都会の居住者の子どもが有利なんです。こうした状況はここ二十年くらい続いていますが、そのために不公正も生まれてきます。英国の社会学者ドーアが言うように、日本にも階層文化が始まるかもしれないわけです。もちろん、中教審では教育の寡占状態、すなわち特定高校から特定大学に進学者が集中しているという状況を排除するためのアイデアも出していますす。これには賛否両論が出ています。アメリカの独占禁止法のように、チャンスの平等ということを考えて出したアイデアなのです。移民の国アメリカでは特権的な立場にあるものがチャンスを独占することに対して厳しい国です。それに対して、日本は自由競争に無意識に身を委ねる傾向が強いわけですが、やはり一部の学校から有名大学への過度の集中は、そうでない学校からの受験者に対してチャンスを奪っていることにもなるわけで、こうした不平等な構造は何とかしないといけない。自由競争による集中排除は、教育においても必要なことだと思います。

渡部　しかし、それは自由に対するひとつの挑戦ですよ。自由が殺される一歩手前といってもいいですよ。

西尾　これは自由を再び蘇《よみがえ》らせるために、行きすぎた自由の結果としての集中に一部制限を加えようということなんです。アメリカでは、特定の高等学校から一定数以上は入れないことが暗黙の慣習になっているではありませんか。

渡部　しかしアメリカでは有名な大学にでもうんと寄付すればたいてい誰でも入れます。日本ではそんなことはできない。なぜなら、日本では金持ちと貧乏人のこれほどひどい差別はないということになるからです。アメリカでは一億円を寄付して入学してきた学生から被る迷惑分と、そのお金を他の生徒に回した利点を比較したら、入学させたほうがいいという発想があるんです。そこがアメリカの活力でもあるんです。西尾さんの言われるような制限的なものはアメリカにはないですよ。

西尾　制限というと語弊があるが、分散させるという考えなんです。たとえば、ハーバード大学の場合、なるべく多くの高等学校から合格者を出そうというので、意識的意図的に合格者を散らす方法をとっています。それは数字にもはっきり出ています。ですから集中に対して、制限というよりも分散するという考え方なんです。

渡部　それはハーバード大学がやるならいい、早稲田大学や慶応大学がやるならいいんです。東大がやってもいいんです。国立だからむずかしいでしょうが。しかし、文部省がやるのはだめですよ。

西尾　中教審は文部省ではありません。

渡部　各学校が自分の特色を出すために各地から合格者をとる大学はあってもいいんです。しかし、法律で規制して、それをやりたくないという大学の自由までも奪ってはいけない。政府が法的にやったらそれしかなくなるから、だめなんです。上のほうで一律にやれといわないでほしい。「中教審報告」が出しているアイデアに法的拘束力がなければいいんです。

西尾　中教審は提案するだけで、実際にやるかどうかは、各大学に任されている。

渡部　各大学がそのアイデアを採用してみようかというものならいいが、規制になったらとんでもないことです。

子どもの防波堤には誰がなるのか

西尾　大阪の「毎日新聞」が灘高校を連載であつかっていました。取材した記者から聞いたことですが、大阪には灘校に入る塾があって、だいたい小学校二年くらいで入ります。そしてその塾で知り合った友達が、灘高、東大医学部と進んでいくわけです。だから小学校二年で知り合った者が東大まで一緒だというんです。塾から机を並べて育った子どもたちを追跡調査してみると、自殺者もいますし、途中で脱落した者もいます。もちろん、エリート官僚になっている者もいるが、そうした青年たちが立派な青年として育たなくなっているというんです。エリート青年の幼児化現象が目立ちます。短期記憶競争みたいな受験競争は、清朝末期の科挙《かきょ》みたいに無意味なことになってきて、創造性や独創性を子どもたちから奪うようになったせいではないかというんです。ですから、幼いうちから過度の知識競争させるのはよくないんですよ。

渡部　ところで、帰国子女問題では、当初、公立学校がぜんぜん受け付けなくて参っていました。彼らを救ったのは私立校です。そして私立校で、帰国子女が活躍しているというので、公立学校も帰国子女を受け入れるようになったわけです。これは公教育としてははずかしい失態ですよ。ですから、日本に私立校も公立校もあるから希望があるんです。

——両先生の意見の対立点は、自由の悪用に対する対応の違いから来ているようにも思いますが。

渡部　自由といっても、自由意思は悪を行う自由も含むものです。神様だってアダムに自由意思を与えたから悪事が起きた。つまり、自由には悪への自由も含んでいる。

西尾　おっしゃるとおりです。共産主義社会に自由がないというのは、誰かが決めてくれる社会になっているからだめなんです。いまわれわれの社会ではポルノが解禁になっていますが、ポルノなどはそのうちにみな飽きてしまうわけで、それを検閲とか制限するからおかしくなる。ポルノ程度で潰れるような社会ならその程度の社会だということです。だから、悪への自由というのは自由に含まれる。ただし、そこで問題になるのは、幼い子どもの教育だけは、やはりそれに対する防波堤が必要だということです。

渡部　しかし、幼い子どもの防波堤といってもそれを誰が正しいと考えるのですか。それは時の権力者だとなると、それはろくなものではない。僕は、子どもの教育は親の欲求でいいと思いますよ。親がバカならしょうがない。妊娠中にアルコールやタバコをのむと子どもに障害が起きる可能性はきわめて高いのですが、かといって、そういう母親に子どもを生むなとは言えない。いわんや、私立学校がいいか、塾がいいか、日教組に支配されている公教育がいいか。そんなことは断定できないですよ。公教育が塾よりよいという保障は何もない。それに、たくさんの子どものなかに入ったら、だめになる子どももいます。そういう子どもには公立学校よりも小さい塾で育てたほうがいいという場合もありますからね。

西尾　公権力といっても、国民の良識が選んだ政府なんです。やはり幼い子どもの世界に対しては一定の保護は必要です。ですから、国民教育のごく大きな枠は国民に代わって、国が与えるという考えを僕はとりますね。

第3章

ドイツの戦後と日本の戦後

謝罪の必要・不要

西尾　戦後の日本とドイツの謝罪の仕方について、日本の知識人は、日本人は謝罪が足りない、ドイツ人は戦後誠実に謝罪を繰り返してきたから、友好国を拡大してきた、というようなことを観念的に流布させている。シュミット元西独首相なども、「日本人は周囲に友人がいない。ドイツ人は謝罪によって友人をつくる」としきりに言ったりした。

渡部　ひとつには、左翼系の知識人たちが、戦前を裁くことによって自分たちの立場を得ようとしたためですね。

西尾　しかし、ドイツが精力的に謝罪を繰り返してきた背景は、戦前から周りがすべて近代的な主権国家であって、しかも購買力をもった国であったから、まず、貿易国として生きていくために周囲に謝罪するより他に仕方がなかったのです。しかも、周辺各国は、その力を抑制させるために、ドイツを分断したままに、絶えず匕首《あいくち》をつきつけるようにアウシュヴィッツその他を持ち出して、牽制し続けてきた。だから、どんなに腹が立っても、謝罪より他に外交の方法がなく、そのうち形式化し、習慣化した。

それに対して、日本の周辺は戦後すぐに朝鮮半島で戦争が起こり、中国でも革命が起きた。

しかも、周りのアジア各国は購買力もなかったから、日本の経済構造は必然的にアメリカに依存せざるを得なかった。そのことが、いまでも貿易量の四割をアメリカに依存し、現在の日米貿易摩擦につながっているのに対し、ドイツは戦後うまく、貿易相手を各国に散らすというやり方で、バランスをとっているといわれる。

だから、近隣各国に十分謝罪していない日本は愚かだというけれど、ドイツと日本とでは戦後通ってきた道がぜんぜん違う。ドイツの場合、貿易量の七割がＥＣ諸国に頼っており、世界貿易国家ですらない。つまり、仲間と付き合っているだけの話なんです。だから謝罪を外交的に活用しなければならなかったんです。日本が四割も対米貿易に依存しているということが別の不健全さをもたらしていることは事実ですが、しかし、それは戦後、われわれがアメリカだけを相手にせざるを得なかったという事情に由来している。つまり、日本人とドイツ人の善意や反省の心や歴史感覚の差というより、地政学的な差にすぎない。そもそも、日本が戦争をした主たる地域は、ドイツと違って主権国家の存在しなかった真空地帯であった。帝国主義の時代には、お互いに侵略と防衛のあいだに本当の区別はつかない。アジアに入ってきた大英帝国があり、ロシア帝国（ソ連）があり、アメリカの干渉があり、インドシナ半島はフランスが、南洋はオランダがおさえていた。日本が戦争した相手は宗主国である欧米列強であった。さて、戦争が終わってみたら、唯一意思をもっているような国だった中国や朝鮮半島は動乱を起こして落ち着かない。中国は共産化した。だから、これを相手にするわけにもいかないから、永い間謝罪も何もなかったわけです。

他のアジア諸国といっても、戦前は主権が存在しなかったわけだから、謝罪する相手がいないということで、日本が不誠実であったわけでも、怠惰であったわけでもない。状況が日本の謝罪を必要としなかったのだと思います。

ただ、日本の影響力がいま非常に大きくなって、責任が重くなると、当然アジアの民衆生活におよぼした累犯に対して、一定の謝罪をしないわけにはいかないだろう。それはむしろ賢明な処置と思うが、そのときにわれわれはアメリカ人、フランス人、イギリス人、オランダ人、ロシア人等々にはいかなる罪の意識もないということを明示しつつ謝罪するということが、必要ではないかと思っていますが。

日本の戦争が植民地独立を生む

渡部　そもそも、日本の戦争とドイツの戦争は、おっしゃるとおりまったく別の戦争だったんですね。私が知るかぎり、ドイツ人自身、日本もドイツと同じような戦争をやったと考えているようですが、まったく別ものです。日独同盟という愚かな同盟を成立させて戦争に突入したために、まったく関係がないのに日本とドイツの戦争は同じだと見られることになった。日本とドイツの戦争が同一視されるというのは、日本にとって迷惑な話なんです。

最近、歴史の逆説ということをよく考えるんですが、たとえば日本史において、北条泰時が承久の乱の後、三人の上皇を島流しにするという武断をふるった。日本の国体からみたら、武家政権が天皇制に対してそのような強硬な姿勢を示した当時は日本の終わりのように感じられたかもしれないけれど、そのようにして鎌倉幕府が権力を誇示し得たからこそ、のちに元寇《げんこう》のときに、日本は強力な幕府の指導のもとに結集して、独立を守ることができた。あるいは、イギリスでジョージ一世が英語を話すことができなかったからこそ、「国王は君臨すれども、統治せず」という形で議会制度が発達したのだろう。歴史の逆説という言い方を許してもらうならば、もし日本が第二次大戦以前に、欧米列強にとっての「いい子」であり、戦争に突入しなかったなら、いまなお世界はアパルトヘイトがとられていただろうと思う。

ダーウィンがビーグル号で世界一周した当時にもすでに、有色人種は誰も、白人に頭があがらなくなってしまった。それは植民地において、先祖代々伝えられていたんです。そこに日本軍が進出して、白人を多く捕虜にして、強制労働をさせる。それで数百年の魔法がいっぺんに解けたわけです。日本が戦争に突入するという貧乏クジを引いたために、一九五〇年代にアジアの諸民族は白人支配を脱して、独立できたんですよ。六〇年代にアフリカがほとんど独立し、それがアメリカにおよんで公民権運動が成果をあげた。だから、昭和十六年の日本の戦争から始まって、キング牧師の運動まで、歴史はつながっているというのが私の考えです。
ところが、ヒトラーにはそのような考えはなかった。だから、日本とドイツの戦争は一緒にすべきではない。

西尾　先日、「第一回日本アセアン円卓会議」に出席して、私が過去の戦争の問題を持ち出した。フィリピン人は日本の歴史を非難したが、ある六〇代のマレーシア人が「私は第二次大戦において、マレー半島で、日本軍指導のもとに日本の軍服を着て、イギリス人と戦い、インドネシアの仲間は日本軍とともにオランダと戦った。もし、あのとき戦う相手がひとつだったら、いまマレーシアとインドネシアというふたつの国は生まれないで、ひとつの国になっていただろう。日本の軍人はわれわれに起ち上がれと勇気づけた。あのつらい出来事がなければ、独立がなかったことも間違いない。ビルマ人も、インド人も同じに考えている」と話して、出席者に強い感銘を与えました。ただし会議を支援した『読売新聞』の報告には、会議を通じ最大の話題だった戦争評価のことはいっさい書かれていない。
だいたい、ドイツと日本では戦った相手が違うというのは、きわめて常識的なことなんですが、戦勝国の欧米のジャーナリズムがそう見たくないので、日本とドイツを同一視してあつかってきたわけです。ドイツはヨーロッパの近代的主権国家に囲まれていたのを突破して、拡大侵略しようとした。そして、ドイツ民族が全世界を征服するのだと宣言した。ユダヤ人虐殺にしても、興奮した戦場の虐殺ではなく、きわめて計画的、合理的に、一民族の抹殺を図った。しかし、日本が進出したのは、アジアの植民地であって、すでにそれぞれ宗主国があった。帝国主義の時代に、アジアは西欧列強からみれば、こちらが占めなければあちらが占めるという状況で、いわば真空状態だった。日本はそこに入っていったわけです。つまり、そうした地域においては、防衛と侵略がはたして区別できるのかという問題すらある。しかも、日本がアメリカやヨーロッパにまで攻め込んで、世界征服をするなどと考えた日本人は一人もいない。その点、ヒトラーの考えたナチス・ドイツによる世界制覇とはまったく違った戦争でした。したがって、私自身、前の戦争でアジアの一般民衆には結果的に迷惑をかけたという気持ちは強くもつけれど、欧米列強に対して罪の意識をもつ日本人は一人もいないだろうと思う。

渡部　日本は石油がなくて困り果てて戦争をしたようなものなんです。海軍はもともと戦争絶対反対だった。何よりの証拠は、もっとも重要な戦闘機の搭乗員の養成が、昭和十六年までは年間一〇〇人を割っていた。それが石油の輸入がだめになった途端に、石油のあるうちに戦争させてくれと変わったんです。とても、「東京裁判」が結論するように、共同謀議で粛々と戦争を遂行したという立派なものではない。

西尾　思想的に位置づけるとすれば、昭和初期まで、日本人にとって西洋文明は物質的にも精神的にも圧倒する力で、手も足も出ず、それを模倣しようとする心と、それに反発する心と相反するものがあった。しかも帝国主義の時代であり、諸外国を見て自分も帝国をつくる必要性を痛感するわけです。だから、西洋文明に対する憧れと反発が同時に強烈に存在するのですが、西洋圏外の近代史では、いつもそういう動きが出てくる分節点がある。わかりやすいのが、ホメイニ師が指導したイラン革命です。パーレビ国王が近代化・西洋化を推し進めるなかで適応異常が起こって、爆発した。中国の文化大革命も、近代化、合理化思想に対する内部からの巻き返しだといえるでしょう。日本の場合も明治以降、西洋思想の模倣と、日本独自の思想のふたつの渦がぶつかって、昭和十年代に外に向かって爆発したと私は理解していますが。

渡部　それでも、昭和五年、つまりロンドン軍縮会議までは、日本は世界の「いい子」だったんです。日本が世界の主流から糾弾されるのは、昭和六年以降であることは、はっきりしている。日韓併合にしても、必ずしも、日本のゴリ押しではないし、戦後評判の悪い対華二一カ条要求も、後半の七カ条が問題ですが、これは要求でなく希望であり日本の議会自身が反発して、中国に対して、すぐに取り下げている。中国大陸で種々の事件が起きたときも、内閣の責任ですべて処理できたわけです。

ところが、昭和六年から昭和二十年までは、日本はいわばバカげたダッチロールを繰り返したわけです。なぜそうなったかというと、内閣も首相の存在も明記されていない明治憲法の欠陥がそのときになってはじめて発見されたからなんです。明治憲法は内閣、首相がいる政府がつくった憲法でありながら、憲法自体には首相や内閣のことはいっさい書いていなくて、軍のことは書いてある。なぜそのようにおかしくなったかというと、憲法をつくった伊藤博文自身、責任内閣制度の長所を理解していたが、もしそれを憲法に明記して永久的なものにすると、いつか幕府ができるのではないかと恐れて、わざわざ書かなかったからです。しかし、憲法をつくった人たちは責任内閣制度の主旨がわかっていましたから、そのボロが外に出なかった。日清戦争も、日露戦争も、第一次世界大戦も、すべて内閣がやると言えば始まり、終わると言えば終わったわけです。しかも、第一次世界大戦後は、軍縮が世界の風潮になれば、ワシントン会議では政府は海軍の反対を押し切って新鋭戦艦など七、八隻もの軍艦をスクラップ化したり、陸軍の四個師団を廃止したりまでした。

ところが、昭和五年、潜水艦や駆逐艦を制限するロンドン軍縮条約が締結されたときに、重大な問題が起きた。憲法に規定されていない内閣の代表が、国際会議の場で、憲法に規定されている軍を制限する約束をするのは、憲法違反ではないかと軍部によって指摘されたんです。「統帥権干犯」という表現で内閣が指弾され、浜口雄幸《おさち》首相はピストルで撃たれ、代わって幣《しで》原《はら》喜重郎が代理首相になるが、何もできない。それ以後、満州事変が拡大し、三国同盟にしても、内閣が反対しても陸軍がやると言えば実現してしまう。そのまま、日本はあっちへフラフラ、こっちへフラフラして戦争に突入してしまうわけです。

西尾　中国戦線についても、不拡大方針を唱えながら、結局深入りしてしまう。だいたいあれだけの大国を制圧できるとは思っていないのにズルズル戦線を拡大してしまった。しかも、興味深いのは、拡大してから、とってつけたようにスローガンが追いかける。あとから「五族協和」とか「八紘一宇《はっこういちう》」といったスローガンで、既成事実を糊塗《こと》しようとした。ドイツに比べると、まさに政治行動が無計画、無方針だった証拠ですね。

渡部　支那事変からさらに上海事変へと飛火し、さすがに軍も首相、外務大臣、陸海軍大臣、参謀総長、軍令部総長が出席する大本営政府連絡会議をつくったが、話をまとめる資格のある人がいない。それで結局出席者のゴリ押しが通ってしまう。憲法にもどこにも地位のない日本の最終意思決定機関がこれだった。だから戦後、戦争責任論が起こったとき、ドイツのようにある個人が悪い、という話にはならなかったんですね。

無計画で突入した日本の戦争

西尾　トータル・ウォーというものを、当時の日本人はきちんと認識していなかったからじゃないですか。日本は、地理的な理由もあって、第一次世界大戦にはちゃんとした形では参戦しなかった。世界の戦争の歴史は、第一次世界大戦で形態が大きく変わってくる。ここでトータル・ウォーという観念がはっきりしてきて、敗者は名誉から財産まで、ありとあらゆるものを奪われ、国民的恥辱を受ける。たとえばそれ以前の普墺戦争などビスマルクのプロシアが一気にドイツ各邦を占領するけれども、ドレスデンやライプチヒの劇場では芝居をやっているなど、市民生活は呑気なものだった。

ところが日本は、トータル・ウォーを本当の意味で経験していなかったから、石油がなくなる前に何とか南方だけは占領しようというように、限定戦争ならできると考えていたんじゃないか。つまり、英米を相手に最終戦争をするつもりではなく、一種の限定戦争のつもりで英米との戦いをスタートしたのが、最初の誤算だった。そこで相手の出方が違っているということに気がついたときには、もう手遅れだった。

渡部　たとえば、サイゴンに進出すれば英米仏との一戦は避け得ないというのは、外務省だったらわかるわけです。しかし、それでも石油がなければどうしようもないと軍が言えば、首相はそれを止めることができない。つまり、日本は有色人種のなかで最初につくった近代的な憲法が致命的な欠陥をもっていたために、大変な戦争にダッチロール的に巻き込まれた。まさにその逆説的な結果として、その戦争が引き金になって旧植民地が戦後独立できたんです。あのとき戦争が起こらなかったら、日本は依然として白人社会の「いい子」であって、世界は白人プラス日本人対被植民地国家に二分されたままだったでしょう。

西尾　戦争前は、ゴビノーやチェンバレンの白人優越論に代表されるように、人種差別に関する思想が大手を振っていましたね。ダーウィンの影響もあったんでしょうね。戦後は現実に人種問題はなくならないのに、ないような顔をする偽善が普通になった。

渡部　戦前、有色人種は白人とオランウータンのあいだとみなされていたんです。言語学関係では、「いちばん進化しているのは白人でその言語は変化語である。日本語のような膠着《こうちゃく》語はそれより進化が低い」などという本がアメリカで出版された。だからそのような人種と白人が結婚するのは、進化の法則に反するから、よくないという説が堂々と主張された。日本でも、ラフカディオ・ハーンは日本人と結婚したから、東京大学関係の白人は誰もまともに付き合わなかった。それで彼は晩年、日露戦争のときに病の床にあって、東郷平八郎の写真にキスをして、「この戦争に勝ってくれよ」と祈ったという。ここで勝てば、日本人だけは有色人種のなかでも別格にあつかわれるだろうと期待したんですね。

西尾　ナチス・ドイツは明確にアーリアン人種の優越を主張していた。自分たちドイツ人を第一位の人種とし、日本人を二番目の人種のなかに入れていて、日本人を上位の人種とみていない。だから、もし、日本がドイツと組んで戦争をして、かりに枢軸国が勝ったとしたら、今度は世界が日独のふたつの勢力分野にわかれ、やがて日独戦争は不可避であったということにならざるを得なかったのではないか。日本人はそこまで考えて日独同盟をしたのかどうか怪しい。

ナチスの擡頭《たいとう》はロシア革命以降、ドイツの歴史的インフレ、経済恐慌を経て資本主義はだめで共産主義に未来があると考えられ、反共勢力が警戒心をもち始める。そこで共産主義のいいところを取って右翼社会主義で対抗しようとどっと走り出したんじゃないでしょうか。

指導者の責任ばかり問うドイツ人

渡部　たとえば日本の内閣の在り方が昭和五年までの政権と同じだったら、日本も中立を守ることができ、ドイツだけが潰れていたでしょうね。ヒトラーは戦争目的としてレーベンス・ラウム（生存圏）の確保と言っています。つまり、ドイツ人が住んでいる地域をひとつに統合しようと考えたわけです。昭和五年当時、アメリカは一〇〇〇品目におよぶ商品に関税をかけ、それで世界中が不況に叩き落とされるわけです。そのうち、ドイツは失業者ばかりになってしまう。イギリスも日本も巻き添えを食って景気が悪くなってしまうんですが、日本の景気は満州事変で再びよくなる。イギリスは第二次世界大戦が始まるまで景気が悪く、アメリカも、フランクリン・ルーズベルト大統領のニューディール政策にもかかわらず、結局景気は回復しなかった。ところが、いちばん不利な条件にあったドイツだけは、ヒトラーがひとたび政権をとるや、奇跡の回復をとげた。はじめて労働者階級がイタリアに旅行できたり、自動車を持てるようになった。だから、ヒトラーに対する民衆の支持は、圧倒的だったと思うんです。

ヒトラーの戦争でいうと、ドイツ民族の住んでいる地域を統合すれば、ドイツは資源の面でも安全であるという点で重要だった。関税障壁を最初に築いたのは、アメリカです。それならば、ドイツにはレーベンス・ラウムが必要であるとして、石油や食糧のあるルーマニア、ウクライナを確保できれば、自給体制ができると考えたわけです。ヒトラーはイギリスとは戦争したくなかった。宣戦布告はヒトラーがされているのです。開戦者が悪いかと言えば話はそう簡単でない。

西尾　現在のドイツ人の旧ナチズムに対する厳しい断罪の仕方というのは、私はよく理解できない。ナチスに心酔して手を汚したのは、いったいどこの誰だったのかとドイツ人に聞いてみたい。ドイツでは、議会でたとえば、ナチスを礼賛したわけではなくて、議長が「ナチ時代には、人間がきちんとしていた」というようなプラスの評価になるようなことを単に当時の引用の形で言ったら、その議長がクビになったり、有名なテレビの司会者が、若いころナチスの新聞に体制支持の詩を書いていたということがわかっただけで番組を下ろされたりする。日本で六〇歳以上の人間が、いちいち少年時代の言動を糾弾されたら、無罪の人はほとんどいないと思うけれども、ドイツではいまだにこのようなことが行われている。しかし、戦争責任というのは、誰か特定の人間を血祭りにあげて済むことなのかと問いたい。ある年齢以上の市民たちは、ナチス党員ではなくても、皆、共犯ではないか。だとしたら、党員の経歴をもつ人を見つけて魔女裁判を行うのは、どうしても理解できない。ドイツ国民一般が、世界に対して無実を宣伝して許しを乞い、自分たちの善良さを吹聴しようとして誰かを血祭りにあげるというのは、恥ずべき行為ではないかと思えて仕方ない。しかし、このことをドイツ人に話すと、彼らは物すごい反発をする。必ず、「指導者がたしかにいたんだ。指導階級には、他の人間は手の出しようがなかった。われわれは騙《だま》されたんだ」と言うんです。私は、「日本ではそういう議論はもう終わった。一時そういうことを言った人はいたけれど、そういう時代はとっくに終わりましたよ」と言うことにしている。日本人の場合、戦争指導者と国民とのあいだには、はっきりしたラインは引けないという微妙で、漠然とした了解がある。戦時内閣の二閣僚が戦後総理大臣になっただけではなくて、戦前に戦争協力の思想を叫んでいた人が、戦後左翼の代表的知識人になったということなど、数限りなくある。そうしたことを含めて、日本国民は右でも左でも、ある意味でいい加減で、よく言えば、問題の微妙さを解していた。こうしてすべて戦争責任について寛容であったということは、日本人が無責任であったからだとして、ドイツ人の反省ぶりと対比してよくあげつらわれるが、それはちょっと違うと思う。

渡部　私が個人的に付き合っているドイツ人で、酒に酔ったりしたときにナチスの悪口を言う人間はいないですよ。労働者階級にとっては、とにもかくにも生活を向上させたわけだから。ただ、あまりにも戦争の被害が大きく、また外国からの憎まれ方が強かったから、誰かをはっきり憎ませておくよりしょうがない。しかも、日本の戦争と違ってナチスという党が指導したのだから、これに責任があるというのは、納得がいくことなんです。

西尾　日本人が指導者と国民のあいだにはっきりとしたラインを引かなかったということは、国民が、日本とドイツがした戦争は違うということを本能的に直感しているからではないかと思う。日本人は戦争責任がひょっとして国民全部にあるのではないかという点で、国民の側にある程度のコンセンサスがあるのではないか。何が許され、何が許されないか、厳密に問い詰めるとジレンマに陥り、嘘になるということまで国民が考えているかどうかわからないが、国民が戦争責任を承知して、我慢して行動してきたのではないかと思うんです。日本の場合、戦争責任者について、どこでラインを引くかということは非常にむずかしい。だから、日本独特の、ラインを引かない哲学によって、国民を分裂させないで済ませてきたことは、じつは幸いなことだと思う。日本はこの危機を乗り越えたと思うが、ドイツはこれから戦争責任の問題が、大きな問題になってくると思う。日本を深く知るあるドイツ人が、「日本が経験した戦争は、ドイツ人にとっては第一次世界大戦程度のことだった」と私に言いましたが、当たっていると思う。

渡部　ナチスのおかげで、ドイツ人は外国に対してはじつに肩身が狭くて、どこに対しても顔を上げられない時間が長く続いた。だからこそ、ナチス残党の追及は厳しかった。しかし、それがあまりにも厳しすぎて、ナチスを糾弾する法律には時効を設けなかったのは大きな間違いです。時効というのは文明の制度であって、殺人犯でも、ある時間がすぎれば許すということにしなければ、別の弊害が起きるという文明的な体験と洞察から生まれたものです。だから、ナチスの犯罪追及にも時効を設けるべきだったのが、そうしなかった。それによって、バーバリズムが復活するわけで、野蛮は野蛮を生むんですよ。

西尾　まったくそのとおりです。ドイツ人は自分の国のことを、まったく他人のことのように冷淡に言う。たとえば、歴史の教科書の記述について日本ではいろいろと議論が出ますが、ドイツでは、ポーランドやフランスからあれこれ言われれば、「そのとおりにします」と言う。平気で自国の歴史を否定するんです。これはドイツが戦後生きるためには必要な措置でした。ドイツは近隣諸国と付き合って、貿易立国としてしか生きていく他なかったわけですから、生存のために謝罪、謝罪を繰り返すしかなかった。そのことはよくわかるが、そのうちドイツ人の謝罪は仮面をかぶって言っているのか、本心から言っているのかわからなくなってしまった。最近でも、どんなドイツ人と話をしていても、まったく冷淡に自国を否定する。私ははじめ本心でそういっているのではないだろうと思っていましたが、そうではなくて、ナチスは悪かった、自分たちは悪くないと本当に信じている。ドイツ人はいまも一部の指導者が悪かったと本気で信じるような、硬直した頭脳と、一種の図式主義で生きているんですよ。

渡部　日本でも、丸山真男が似たようなことを言って、人気を得た時期があった。主に左翼系統の人が、一般に日本人はぜんぜん戦争責任がないんだと言っていましたが、それはやっぱり嘘なんですよ。

「トーマス・マン」ブームの時代錯誤

西尾　ようするに、ドイツの戦争というのは、カリスマ的な指導者がいた。丸山真男が「超国家主義の論理と原理」のなかで言っているように、日本には責任の主体はなかったが、ドイツではカリスマが放つ異様なる力によって、ドイツ人を意志的に統一した。そして欧米では、今後の問題として、ドイツ人が再び平地に乱を起こすのかどうかが論じられていますが、それがゲルマン的な行動様式なのか、それとも、あの一時代の特異な現象なのか、評価が分かれるところです。私は、ナチスの出現は、ドイツ民族の根源によるという言い方は通俗的すぎると思う。ファシズム現象というのは、近代化現象であって、一種のカリスマ的な指導者が、国民の欲求不満を吸収する形で出てきたのではないか。

そこで最近気になるのは、トーマス・マンの「ドイツとドイツ人」がいま日本でよく読まれていることです。これはドイツ統一を前にして、新訳が出たせいもありますが、私としては、ドイツを理解するためのテキストとしてこれが読まれるのは、心外なんです。

「ドイツとドイツ人」は、トーマス・マンがアメリカ亡命中の一九四五年、ドイツの敗戦直後というきわめて特殊な状況下で行った講演をまとめたもので、ドイツの過去を断固否定し、戦勝国の正義ばかりが前面に出ている一方的な内容になっています。同時に、ナチズムの問題も敗戦感情に引きずられて、ドイツの根源に原因があるという言い方で、ドイツ的本質の体現としてマルチン・ルターを登場させている。ルターのキリスト教的熱狂、農民戦争における反動がナチズムに結びつくとして、その対極としてゲーテの人文主義をあげている。そして、ドイツは過去に一度もフランスのような革命を経験しなかったから、自由に対する理解が足りなかったという議論なんです。ただ、ルターの時代まで遡れば、ドイツに限らずフランスやイギリスでも、封建体制下の抵抗に対する弾圧は、激しいものがある。

渡部　イギリスでは、王様の首まではねています。ルターよりもカルビンのほうが激しい。

西尾　それから、ゲーテを革命の側に置くのもおかしな話で、ゲーテほど保守的で、フランス革命を嫌った人はいない。つまり、トーマス・マンの議論は、知識人としての弱さが出たような内容で、亡命者の欠点も目立つ。はっきり言って、いまのソ連、東欧圏の状況が示しているのは、革命は進歩を阻害し、一国の発展を遅らせるということであって、ゴルバチョフの登場がロシア革命の自己否定だとしたら、フランス革命もロシア革命によって意義づけられている面が大きいので、これも怪しくなってくるのではないか。そうだとすると、トーマス・マンの「ドイツとドイツ人」をドイツ理解のために読むというのは、まったくのアナクロニズムだと思うんです。

渡部　率直にいえば、決して革命によって自由が広まったのではなくて、革命を起こさなかったイギリス人によって自由が広まったんですよ。トーマス・マンの発言は虚脱状態のものですから、反面教師にしかならないんじゃないですか。

西尾　ナチズムが出現する直前のドイツは、芸術文化が非常に花開いた時代で、トーマス・マンもそのなかにいたわけですけれど、この文化教養主義を支えたプロテスタント系のテクノクラート階層というのが、じつはいちばんナチズムに対して抵抗力がなかった。文化教養主義の反対側に野蛮があったのではなく、文化教養主義が野蛮に弱かった、あるいは野蛮を招いたとすら言える。ナチズムに対して、いちばん抵抗力があったのは、じつは無学無教養のカトリック系の民衆と社会民主党系の労働者だった。それが戦後キリスト教民主同盟と社会民主党という二大政党になるわけです。そういう意味では、ドイツ的な教養主義、文化主義というものは、ナチズムの呼び水となった。そのナチス・ドイツは世界征服とか、ユダヤ人撲滅を国是としたわけですが、日本は決してそのようなスローガンは掲げなかった。だから、日本とドイツを同一視するのは、日本にとって非常に迷惑な話なんです。日本の知識人のなかには困った人が多くて、先日聞いた話ですが、ドイツ人と日本人が集まって戦争の話をしたそうです。そのとき、日本人がまるで善意を示すかのようにすぐ捕虜収容所や南京虐殺を持ち出して、日本人もドイツ人と同じようなことをしたと話す人がいる。じつにバカげているが、そのとき居あわせたあるユダヤ人が、最後に、「アメリカにもイギリスにも日本にも収容所はあったが、一民族を根絶するために収容所をつくって、それを冷酷かつ合理的に運営した国はドイツの他に例がない」と言ったら、日本人がシュンとなったという。アウシュヴィッツと南京虐殺を軽薄に一緒にするのはまったく困りものですね。

渡部　南京虐殺などはどう考えてもあり得ない。昭和十二年十二月に南京は陥落していますが、当時南京にはアメリカをはじめ反日の外国人がいたし、報道も自由だった。しかも、昭和十六年に戦争が始まるまでの四年間、日米交渉において、日本にいくらでも文句を言えたのに、アメリカ側は南京虐殺を口にしたことがない。「タイム」も「ニューズウィーク」もとくに取り上げていない。蔣介石《しょうかいせき》にしても、日本の爆撃機が民家に投弾したなどということは国際連盟に訴えているのに、南京虐殺のことについては、ついに訴え出なかった。南京虐殺は完全に戦時プロパガンダであって、突如戦後東京裁判のときに出てきたものです。東京裁判で証言したマギー牧師も、「実際に何人、日本兵が中国人を殺すのを見ましたか」とたずねられて、いろいろ考えて、「一人」としか言わなかった。他にこそ泥、暴行らしきものを一件ずつ見たとしか証言していない。だから、日本軍が最前線で中国兵を撃ったことはあっても、戦闘行為中のことでしょうし、捕虜収容所に入れてから殺したのではないんです。

西尾　だから、南京虐殺の問題は、日本にとっては何かにつけていわれるのは問題であって、実証的に研究し、国際歴史学会などでどんどん正論を主張してもらいたいと思います。

渡部　ナチスについていうと、特徴的なのは、いちばんの敵は共産党だったことです。共産党と敵対したからナチスは右翼だというのは間違いだと思う。戦後の日本においても、共産党といちばん敵対したのは、新左翼であって、保守勢力とは本当に喧嘩をしていませんよ。

ナチスも国家社会主義であって、共産党とはいわば同類、したがって両者は支持勢力の取り合いのために争ったんです。一種の近親憎悪で、常軌を逸して憎み合う。ナチスは共産主義を徹底的に弾圧するわけですが、当時の共産主義のリーダーは多くがユダヤ人だったから、ナチスにとって、ユダヤ人と共産党勢力は重なり合うわけです。これは内ゲバの論理で、ユダヤ人根絶論につながるわけです。

西尾　最近ファスビンダーという作家が、戦後のユダヤ人が土地騰貴等で金儲けをしたことをカリカチュアライズした芝居を書いた。それが劇場で上演されたと同時に、ユダヤ人とその支持団体のドイツ人がステージにかけあがって舞台を破壊するという事件が起こったんです。そこで注目すべきことは、この事件に関して、ドイツの国内で非難の声はおろか、何のオピニオンも出なかったことです。事実だけが伝えられ、それについての論評はいっさい出ない。非常に不健康で、私としては異常な印象を受けたんです。

ユダヤ人問題について、いまでもまだ何も言えないのかと思って、あるドイツ人にその話をすると、そのドイツ人は「ひとつの民族と特定の犯罪が結びつくようなテーマの文学が提示されることは許されない。ユダヤ人でなくても、トルコ人であっても、やはり問題になる」とか何とか苦しい説明をしました。そういう議論しかできないところが、いまなおドイツの状況なんです。

これは一種の欺瞞《ぎまん》であり、このことに不満を抱くドイツ人は多い。だから、ドイツ人が日本人より熱意をもって歴史を清算した、とは必ずしもいえない。それどころか、解決してない大きな問題を今後に残した。

歴史に「清算」はあるか

渡部　中国は何かというと、日本に謝罪しろというけれど、歴史的には別の面が大きく現われる。これまた歴史の逆説で、戦争は中国の独立という結果を生んだのだから。

支那事変は、明治憲法の不備による逆説であって、誠に遺憾なことだが、日本はダッチロールを始めてしまった。だが、ようするに日本と結びついた汪精衛《おうせいえい》と、アメリカと結びついた蔣介石との闘いという面もあって、勝てば官軍という要素があった。それに当時の日本にはソ連とそれに支持された共産軍の圧力もあった。たしかに中国が戦場になったことは考慮に入れる必要があるが、毛沢東よりは汪政権でいたほうがよかったろうという歴史のイフも成り立つ。

また、シンガポールあたりでイギリス側についた華僑は日本軍によって痛い目にあっているが、それは宗主国の買弁であって、日本にとって明白な敵であったからです。日本に謝罪を要求するのはだいたいそうした体験をした華僑であって、それはマレー人やインドネシア人から言われるのとは、筋が違うという点は明確にする必要があると思います。

西尾　困ったことに、当時の歴史を記憶しているアジア各国の人も少なくなってきて、欧米の論理で書かれたステレオタイプ化した歴史の教科書がいまでも流布している。アメリカ、イギリスを正義として日本ファシズム論を展開しているわけです。私としては、ひとつの提案として、重要なアジアの拠点に日本政府が歴史資料館をつくって、日本が主張すべき点も、その罪の部分も含めて資料をきちんと出して、それを十全に活用できるようにする。南京虐殺も、実証的にアジア各国の学者たちと討議する。われわれはどうもロゴスを軽視しすぎるが、議論することは非常に大事なことで、それを推し進めないかぎり、南京虐殺事件をはじめ、日本の被っている汚点を客観的に晴らすのがむずかしいのではないか。

渡部　今年になって、東南アジアで、「いい日本兵」が登場する小説がいくつか出てきた。戦争から五〇年して、ようやくそうした小説が出てくるのであって、歴史の逆説の意味がはっきりするのは、どうしても五〇年という時間が必要なんです。

西尾　その点、日本のほうがまだ、ドイツよりも幸運だったと思いますね。ドイツは戦後、歴史の教科書の内容まで、近隣諸国に合わせるという無理を重ねてしまった。ドイツの場合、フランス人やポーランド人がナチス・ドイツに対してもっている見方と、ドイツ人が自己批判している内容とは、それが本音か建前かどうかわからないが、かなり近いといえます。しかし、もともと戦勝国と敗戦国、あるいは植民地と宗主国の歴史の記述が一致するわけがない。歴史は常に複数のものであって、どれかひとつが真実ということはないのです。だから、アジアでも日本と韓国が歩み寄ってひとつの教科書をつくるというのは、空想もいいところです。ところが、それにほぼ近いことを、戦後のドイツはやった。繰り返しますが、それはドイツが素晴らしい努力をした結果ではなくて、ドイツがそれ以外に生きる道がなかったことの証明に他ならない。そのことはこれからのドイツ人の未来にとって大きなマイナスになるし、これからその意味がどういう形でドイツ社会のなかに出てくるか、私もわからない。全面的な自己否定は嘘だから、危険なリアクションが起こりかねないと思います。

最近、ヨーロッパでは、ハイデッガーがナチス党員だったと話題になっている。ハイデッガーは最後まで党費をきちんと払い、ナチスの思想に忠実で、積極的な党員活動をしていたと論証した本が出ました。で、こう考えるべきでしょう。ハイデッガーは最後までナチス党員だった。そして、同時に偉大な哲学者であった。これが両立するということは、ドイツ人が戦後続けてきた自己欺瞞が問われているんです。ところが、日本では、指導者と国民のあいだに一線を引かなかったことで、国民の統一を守り、自己欺瞞を起こさずに済んだということは、正直言って幸いなことだと思うんです。

渡部　それを象徴的に示したのが、昭和天皇だった。戦前、戦中、戦後の天皇が同じだったというのは、日本にとってよかった。そもそも、歴史をどこかの時点で清算しなくてはいけないというのは、知識人のマゾヒズムでしかないと思う。日本は戦争を清算していないからだめだというが、それでは歴史を清算した国というのは、どこにあるのか。

アメリカの大統領は、原爆投下を決して謝らない。それは戦争に勝ったからです。日本人は、「勝てば官軍」と言ってきたが、その点で言えば、明治政府などは賢明だったと思う。徳川幕府を敵として戦い、勝ったわけだけれど、徳川慶喜《よしのぶ》を後《のち》に公爵に列した。こうしたことが、歴史の理想であって、アメリカなど、まだ戦争に敗けたことがないから、「正義だから勝った」などと言えているが、実際は「勝ったから正義になった」だけの話にすぎない。

西尾　典型的な日本の知識人の議論として、「大部分の日本人にとって、第二次世界大戦の戦争体験は、戦時中自分たちがいかに苦しんだかについての反省であり、自国の犯罪行為についての反省ではない。アジアの近隣諸国で犯した侵略と、それにまつわる残虐行為に対する加害者意識が希薄で、被害者意識のほうが優先している有り様である」というのがあって、ドイツではそうではないから日本は反省が足りないと言う。こういう考え方は非常に一般化されているると思うが、あえてこういう道徳的なことを言う知識人に対して、疑問があります。なぜ、かくも自虐的なのかと考えてみると、知識人の心のなかに、政治と道徳を分離できない未成熟な部分が強くあるからだと思う。自分が善であり、過去の日本は悪であり、あるいは指導者は悪で一般国民は善であるという二元論につきまとわれている。そして、こういう言い方で自分がいいことをしていると錯覚して、謝ろうとする。

渡部　丸山史観ですね。

西尾　自分を純化できるとか、道徳的に自分が美しく見えて居心地がいいからなのかそのあたりの心理はわかりません。ただ、そうした知識人は、道徳を非常に低俗、通俗的に理解しているから、すぐ謝ろうとする。政治と道徳は別個のことであって、政治の次元で行われたことを、個人の道徳で裁く、ひとことで言えばセンチメンタリズムと混同するのは、思想的訓練の不足の一語に尽きるという気がする。

普遍的正義など存在しない

渡部　簡単にいえば、「東京裁判」を正しいと思う知識人は見識が低いだけなんです。「東京裁判」は「国際極東軍事裁判」と「国際」の文字が付いているから、国際法に基づいていると思い込んでいる。しかし、実際は国際法などツメのアカほども考慮していない。マッカーサーの参謀部の方針が基準であった。裁判官は全部当事者なんです。勝ったほうが負けたほうを裁いているにすぎない。普遍的正義など、どこにもない。

西尾　それを正しいと思うのは、マゾヒストであり、ナルシストですね。裁判官をつとめたインドのパル判事は、「アジアの国々に対して悪逆を尽くした欧米列強に、日本を裁く資格はない。この裁判は茶番だ」とはっきり言っている。

渡部　この裁判の判事のうち、国際法を専門的に勉強していたのは、パル判事だけだった。

西尾　責任ある日本の大使が私にある席で、「もう次の戦争が終わった時代だ」と言っていました。次の戦争というのは第三次世界大戦としての冷戦が終わったということです。「それなのに、依然として前の戦争の勝者の論理、ファシズム史観ばかりにとらわれていてもしょうがないではないか。そろそろ視点を変えるべきときだということを、アジアの人にいわなければいけない」と話しましたが、私もまったく同意見です。二十世紀は、マルクス主義の日の出とともに始まり、日没とともに終わる。共産陣営が自分の革命を自己否定せざるを得なかったということで、冷戦、すなわち第三次世界大戦ははっきりと終わったのだから、ひとつ前の第二次世界大戦も新しい視点で見直すことにしたい。

渡部　歴史的事件を歴史的事件としてみればいいんです。普遍的正義などどこにもありはしないのに、あるがごとき幻想のもとで、あらぬイデオロギー、あらぬ史観にとらわれているからなんですよ。

第4章

国賊たちの「戦後補償」論

国内問題としての「戦後補償」

渡部　最近また、「戦後補償」という言葉がよく聞かれますが、戦後補償というのは言葉の表現としておかしい。戦前に補償するわけはないし、戦争中に補償するわけもない。補償といったら戦後に決まっている。何をいまさら〝戦後〟補償かと思うのですが、戦後の補償は必ず講和条約で締結されるわけで、それ以外はあろうはずがない。そして日本はそれを約半世紀前にみんな済ませている。旧ソ連とか、済んでいないところがあるが、それは向こうが悪いからできないだけの話です。

　にもかかわらず、戦後補償というとんちきな話が半世紀後のいま生じた本当の理由は何か。それは日本に社会党があるからです。その代表者がトンちゃんというのは言い得て妙だけれども、ああいうとんちきの党がなければ、騒ぐ連中もいなかった。

西尾　豊かで大きくなった日本に対して政治的な圧力をかけたいという諸国があるわけですね。中韓両国は、他のことでは日本をおさえることができないが、過去を問責すると日本が平伏するというこれまでの習慣を知っている。その政治的意図は歴然としています。

渡部　中韓両国が補償といっているのも、どうも向こうから言い出したのではない。韓国の盧泰《テ》愚《ウ》大統領は、戦時補償をこちらは言い出すつもりはなかったけれども、日本の新聞が何か言えというから言わざるを得なかったといいます。それを韓国の新聞が煽情《せんじょう》的に煽り、それで燃え上がった。これは本当でしょう。

西尾　従軍慰安婦問題も、日本のマスコミが火をつけたために韓国に飛び火したと聞いています。しかし、これに加えて貿易面のことがある。日本の対米貿易がひところ四割ぐらいだったのが、いまでは漸減して二割八分ぐらいになっていて、その分アジアにシフトしている。だから日本の経済界にはアジアとの政治摩擦を減らしてやっていきたいという意向があり、そういうムードのなかで一連の事柄が始まったのではないか。少なくとも細川政権のときはそうでしょう。

ところが、中韓両国を除くアジアの諸国の考え方はすでに違っていた。中国の圧力を日に日に感じているＡＳＥＡＮでは、米国の軍事力がアジアで後退しているという事情もあって、日本にある程度の役割を担ってもらわなければならないという意識が日増しに高まっている。マハティール首相の発言にみられる「いまさら謝罪だ、補償だということをわれわれは求めていない、それよりも日本の決然たる政治的意思を明らかにしてほしい」というあの意識です。こういう思惑の違いがはっきり出てきてる。結局、戦後補償がどうのこうのというのは日本の国内問題だということですね。

渡部　いまの日本の官僚および政治家が、三〇年前の日本の官僚、政治家の知識を失ってしまった。日本にとっていちばん意味のある交渉のひとつは、二九年前の日韓基本条約です。朝鮮戦争以来八年間、韓国はぜんぜん経済復興しなかった。アフリカなみで世界の最貧国のままだった。そこで朴《パク》大統領は、日本をそっくり取り入れないかぎり復興なり申さずという判断を下した。この朴大統領の決断は立派でした。

そのとき日本の政治家も官僚も、日韓併合条約をきちんとした条約だと認めないかぎりは新しい条約は結べないというスタンスを崩さなかった。そもそも日韓併合条約は、世界中の国が拍手喝采《かっさい》したのであって、日本だけが無理強いしたものではない。清国、ロシア、イタリア、ドイツ、そしてフランスの意見を聞いていた。もちろん英米も大歓迎だった。そして、韓国で伊藤博文が暗殺されましたが、これは終戦直後にマッカーサーを暗殺するようなものです。だから日本が怒ったのも当然で、韓国の政府も民衆も震えあがった。そして結局、併合条約を認めざるを得なかった。こうして締結された日韓併合条約が悪いというならば、この条約を認めた列強も悪いことになる。日本が筋を通したのは間違っていない。

では、日韓併合条約が有効であり、事情が変わったからそのかわりに日韓基本条約になったということが、何を意味するのか。賠償など必要ないということです。正規の国際条約で起こった事態に対して賠償ということはあり得ない。だから韓国には賠償をしなかった。だが、朴大統領はよく決心して日本の言い分を呑んでくれたので、その志を汲んで復興資金という名目にして当時のお金で五億ドル出しました。そして日韓基本条約において、過去のことはいっさい言わないということになった。もしも日韓基本条約以前のことを言い出せば、日韓基本条約違反です。だから、韓国が政治家とか外交ルートを通じて文句を言ってきたときは、「日韓基本条約違反ですからできません。条約を破るつもりですか」と居直ればそれで終わりだったのです。私には、それだけの知識がなかったとしか思えない。

西尾　誰に知識がなかったのですか。

渡部　日本の政治家および官僚になかった。

西尾　でも、官僚にはいくらかあったのでしょう。外務省は一貫して日韓基本条約のとおりと言っている。

渡部　いくらかの知識はあったでしょうが、少なくとも政治家を動かすほど強くなかった。命をかけても外務省は政治家にああ言わせるべきなのです。

西尾　日本のいまの若い政治家や官僚、若いといっても四〇歳前後、あるいは細川さんの世代まで含んで戦後教育を受けてきた人たちといっていいでしょうが、この世代はかつて三〇年前の日本の政治家や官僚が一生懸命戦って整理してきた歴史認識をないがしろにして、ややもするとムードに流された判断に傾いて、内外のさまざまな雑音に振り回されている。それはおっしゃるとおりで、日本の国内さえしっかりしていれば戦後補償という問題は起こり得ないと私が言ったのもその意味です。最初に「社会党があるから」と象徴的に言われましたが、それも同じことですね。

東京裁判史観の悲しい思い込み

西尾　戦後補償、あるいは戦争責任に対する補償ということであるならば、あの戦争がどういう戦争であったか、日本の国民が当時あの戦争をどういうふうに考えたのか、という意識と切り離すことはできません。少なくとも欧州戦線と極東の戦線はどう違っていたか、あるいはアジアに対する欧米の先立つ対応がどうであったかとも切り離せません。

渡部　そうですね。

西尾　もう少し敷衍《ふえん》するとこうなります。戦後、ふたつの戦争観が日本に入ってきた。ひとつはマルクス・レーニン主義に基づいた、資本主義国が戦争を起こすという考え。もうひとつは日独ファシズム対英米デモクラシーという構図で行われる、後者の正義の戦争という考え。このふたつの戦争観が戦前の日本人の生き方を引っくり返した。

しかし、前者についてはソ連軍のチェコ侵入からベトナムのカンボジア侵入に至って、戦争誘発国は資本主義、社会主義のどちらの国だったのかがはっきりわかり始めた。そして、八九年ベルリンの壁の崩壊を機に、この問題は解決され、今後放っておいても自然に消えていくと思います。ところが後者の考え方は依然として大きな難問でして、先の大戦は日独ファシズムに対する英米デモクラシーの正義の戦いであったとわれわれは頭のなかに叩き込まれてしまっているわけです。

渡部　これが東京裁判史観です。

西尾　これが国民のなかになかなか覆しがたい意識として入り込んでいて、日本人が中国、韓国、その他アジア諸国に対しておおいなる犯罪を犯したという罪にいまもおののいている主原因です。戦後レディーファーストとハリウッド映画と一緒に、英米デモクラシーの美しき部分、すなわち自由と平等、男女同権、人種尊重といった美しきさまざまな理念が入ってきた。日本人は、大正デモクラシーの時代にこれらをいちおう経験しているが、頭で知っていただけで、その後の歴史できちんとそれを実行することを日本の場合は怠ってきたのではないか、という反省を強くもった。

そのあまりの反省のために、大事なことが見落とされてしまった。すなわちいまいった諸理念はそれ自体としては結構なのですが、イギリス、フランス、オランダ、アメリカ、ロシアといった白人各国のことを、その諸理念を完全に体現している理想国家であるかのごとくに思ってしまった。敗戦国の悲しさで、こういう理想は戦勝国だけにあって敗戦国にはないと思い込んでしまった。なぜかイギリス人、フランス人、アメリカ人のもつ好戦性や権力威圧主義、あるいは帝国主義的野望、さらには人種差別感情についての冷静な判断ができなくなった。

欧米人は民族自決などと口では言いながらじつはダブルスタンダードで、欧州に対してはそれを適用してもアジアには頑として適用しなかった。だが戦後の日本は、この事実を見ようとせずに罪意識だけを抱いた。いちばんいけないのは、その罪意識で日本の歴史を書いてしまっていることです。これが重大な間違いです。

渡部　それは、たとえばドイツと比べるとすぐに飛びつく大新聞その他が悪い。これは戦後社会党の左派がよくやったことです。たとえば日教組などがＩＬＯ（国際労働機関）へ行って、日本における公務員の労働条件はけしからんなどと非難したことがあった。ところが、ＩＬＯから調査団がきてみると、日本には人事院勧告があるし、公務員給与は民間に応じて上がるようになっていることがわかった。それでＩＬＯは日本批判はしないことになった。彼らは本当のことがバレなければ、日本を辱めることも平気でやるのです。

マルクス青年の感受性そのまま

西尾　欧州の戦争と極東の戦争との違いを考えるうえで、第一次大戦と第二次大戦の戦間期の認識を明確にしておかなければなりませんね。

渡部　それに関して最近注目しているのは、林健太郎先生と小堀桂一郎先生の雑誌『正論』における論争です。前からそうではないかと思っている視点が、両氏の議論で出てきています。林先生は、第一次大戦と第二次大戦の戦間期に、欧米はデモクラシーに向かって進んでいたのに日独は逆コースをとった、という認識をもっている。ところが、第一次大戦の直後に国際連盟ができたときに、日本代表がたったひとつ提案したことは、皮膚の色によって人種が差別されてはならないということだった。一九一九年にそういう提案を国際連盟にしているのです。

しかし、日本の提案は国際連盟に取り上げられなかった。まあ、取り上げられるわけがありません。当時の主要国は全部植民地を抱えていて、アパルトヘイトそのものでしたから。だが、なぜ日本はこのような提案ができたのか。それは、日本は韓国も台湾も抱えていたけれども、植民地としてではなく原則として融合する方向に進んでいたからであり、それだけの道徳的根拠があったからです。

西尾　日本が人種差別撤廃を提案したのはそのとおりです。

渡部　しかし、この提案は否決された。それを受けるかのごとくアメリカの最高裁判所は、日本人の移民を差別することを合法化した。それまでも州法で日本人移民を差別していたが、連邦法で一九二四年、一人の日本人移民も入れないことになった。

　これは全部、戦間期のことです。第一次大戦が終わって、林先生の話によれば世界がデモクラシーに向かっているときに、人種問題はどんどん悪くなっていった。そういう事情を全部抜きにして、ヨーロッパが民主化に進んでいるのに日本だけが反動に向かったと考えることは、かつてのマルクス青年の感受性をそのまま戦後に持ち込んだものであり、このあたりは老マルキスト、あるいは青年時代にマルキストであった人たちの一種のブラインド・スポットになっているようです。

西尾　林先生は影響力が大きいですしね。

渡部　その人たちが、戦後は保守党のバックボーンになった。戦前の日本は侵略主義だという と、あの大先生がおっしゃるならということで、保守党の政治家も侵略主義だという。中曽根さんも言い始めたし、非常に悲しい事態です。

西尾　林先生がどう考えておられるかは別にして、私なりの戦間期の観点を申しあげると、第一次世界大戦はヨーロッパを根底から変化させた戦争であって、ヨーロッパ市民社会が夢みていた繁栄の甘美な夢がそこでいったん打ち壊されてしまい、同時にあまりの惨劇で厭戦《えんせん》気分がいっぺんに強くなったことは事実です。加えて戦後、イギリスを中心に市民社会の繁栄が訪れ、たとえば自動車の普及、ラジオ、映画、さまざまな娯楽の拡大で平和主義ムードが一挙に高まり、もう戦争はしたくないという空気が全体に広まった。

また、オーストリア・ハンガリー帝国が解体して、小さいチェコとかハンガリーという国が独立した。東ヨーロッパを中心とした領土保全、民族自決という理想が、いちおう東ヨーロッパに関するかぎりは成立して、その掛け声が国際政治をほんの少し動かす要因になってきた。

だが、市民社会の自由の拡大という、日本などがまだ経験していない政治文化が形づくられたというのはすべて欧米内部にかぎった話であって、しかも、イギリスやアメリカの繁栄を支えていたのは、植民地からの収奪だった。さらに民族自決とか領土保全という観念は、オーストリア・ハンガリー帝国解体地域にだけ適用された観念であって、つまりアジアやアフリカにはまったくそれが適用されない、ダブルスタンダードであったのです。

渡部　もう少し歴史を遡《さかのぼ》ると、日露戦争のとき、アメリカのセオドア・ルーズベルトはロシアがシナに進出してくるのが嫌だったから日本を支持する立場にたったが、いざ日本が勝ってしまうと、日本をアメリカの国体を揺るがすものとして受け取った。

というのはアメリカには黒人がいたり、ヒスパニックがいたりするが、これを人間以下として見なければ国が成り立たないというのがそれまでの観念だったからです。独立宣言ですべての人間は平等につくられていると書いた人たちも、家に帰れば大農場をもち、黒人を使っていた。彼らのいうすべての人間というのは、すべての白人ということです。アメリカ独立の刺激を受けたフランス革命でも自由、平等、博愛といったけれども、白人のあいだだけの自由、平等、博愛であり、フランスの植民地の現地人たちは惨憺《さんたん》たるものだった。

白人にとっては、白人でない人種が自然科学を駆使するということは、国体を揺るがすものだったのだ。だから、日露戦争までは日本を軽蔑《けいべつ》はしても憎まなかったが、戦争に勝ってからは憎み始め、日本人移民を排斥し始めたのです。

また、戦後の日本国憲法だって差別憲法です。マッカーサー司令部で一週間で憲法をつくらせて、それを訳しただけです。憲法が変われば民法も変わる。下の法律がみんな変わる。民法というのは、一民族の何百年間の伝統ですから、そんなものを外国の軍人が変えてはいけない。それを平気でやるのは、マッカーサーは有色人種はそうしてもいいと思っていたからです。ドイツに対してはそれをやらなかった。白人ですから。憲法をつくって渡すなんてことはしない。

西尾　ドイツは憲法を戦後三六回も変えていますが、議会の議決だけで変えることができるような憲法を米英仏ソの四カ国は許してきた。日本はアメリカ一国に統治されたことの幸運はありましたが、憲法問題に関するかぎりはアメリカに勝手なことをされたということですね。

アメリカが打った太平洋戦争の布石

西尾　戦間期の話に戻りますが、一九二一年にワシントン会議が開かれました。これがまさにダブルスタンダードを日本に強制してきた典型的な会議であったと思います。日本にある種の圧力をかけてきて、軍艦の比を英米日で五対五対三にするという有名な話がありますが、この削減案には日本の政府も財政難だったから、むしろ反対しなかった。問題なのは、日英同盟を破棄させ、日本が第一次大戦で得た中国の権利を、日本の面目丸潰しで放棄させたことです。そして新しく誕生したソ連の拡張、中国の内部に対する日本の警戒心や防衛に対しては、あらゆる手厳しい制限を明文化しておきながら、東南アジアと西南アジアにおけるヨーロッパ各国の支配権に対してはまったく指一本触れなかったのです。

渡部　やはり、いちばんの干渉は日英同盟の解消です。日英同盟の解消にいちばん熱心だったのは、カナダとアメリカだった。カナダは戦後こそ人種的に開かれた国だが、戦前はものすごい日本人嫌いだった。アメリカは、日英同盟があれば作戦が成り立たない。日本を攻めたとき、日英同盟のためにイギリスがニューヨークを砲撃したら戦争できません。日英同盟の廃棄は非常に重要だった。

西尾　イギリスは日英同盟の存続を望んでいました。

渡部　しかしイギリスとしてみれば、第一次大戦のときにアメリカから武器弾薬をもらったうえに出兵までしてもらったから、結局日英同盟の解消を呑まざるを得ない。日英同盟が解消したあとは、アメリカは日本に対してあらゆることに口を挟んでくる。

西尾　第一次大戦で戦勝国となった日本は、南洋諸島を統治領としてドイツから受け取ったが、ベルサイユ条約でアメリカが反対したために、結局日本領にならないで委任統治にとどまった。ところが、この島々の防衛を強化してはいけないという明文がワシントン会議で決議された。しかも驚くべきことに、パールハーバーとシンガポールの軍備強化は例外であるということになっている。ここには、それから何年かのちの太平洋戦争の布石が着実に打たれているのではないか。ワシントン会議の年に中国共産党が成立し、ソ連がモンゴルに進入してモンゴル人民政府が生まれました。しかし米国はいたずらに日本の脅威ばかりを言いたてたところに、アメリカ流のワンパターンの正義強制の歴史観が見えます。

渡部　当時は、「アジア・モンロー主義」という言葉が日本から出ました。日本は、アメリカが中南米に対していくら政治勢力を伸ばしても文句を言わないではないか、そちらがモンロー主義なら、こちらにも口を出さないでくれ、とアジア・モンロー主義をいった。これはダブルスタンダードに対する痛烈な批判です。けれども力あるほうの論理が優先してしまう。

西尾　日英同盟が解消されたことから、日本の孤立化と日独の結びつきの方向に歴史が動いていった。そして戦争勃発までいくわけですが、この日独合体というのは必ずしも歴史の必然ではなく、ひょっとして偶然ではないか。当時、どの国がどことどう結びつき、どう歴史が展開したか、歴史をもし「イフ」という物語で書けば、日独対英米の戦争になったという必然性は必ずしもない。むしろ日本は、場合によっては米英と組んで独ソと戦っていたかもしれない。世界の戦争があのときどんなふうに展開したかは偶然に満ち満ちているのです。こうした意味からも、決して日独ファシズム対英米デモクラシーという歴史観そのものを、必然の歴史のように思ってはいけない。あの組み合わせの戦争は、日本がより賢明であったならば回避できたかもしれず、また英米が一方的に正義であったとはかぎらないということを、学校の教科書でも教えるべきだと思います。

日本はドイツのような犯罪国家ではない

渡部　先の戦争でアメリカは、日本に対して無差別爆撃を行い、原爆を落とした。これはジェノサイドです。そして、これに対する唯一の弁解が、日本がハワイを攻撃したということだった。戦争を仕掛ける戦争すなわちウォー・オブ・アグレッションは侵略戦争と訳されているけれども、本来は攻撃戦争と訳すべきです。そのウォー・オブ・アグレッションをやったのが日本だから、日本に原爆を落としてもいいじゃないかといっている。

西尾　だが、ウォー・オブ・アグレッションというけれども、マッカーサー自身はのちに真珠湾攻撃は防衛であったと言った。日本は資源も何にもない国で、あそこまで封鎖されれば日本が自棄的な行動に出ざるを得なかったのは理解できる、あれはある種の自衛戦争であった、と一九五一年に米上院の軍事外交合同委員会の聴聞会で発言しています。

渡部　かりに仕掛けたほうがそんなに悪いなら、シナ事変を仕掛けたのはどっちかということです。南京方面の中シナでも、北シナでも、ウォー・オブ・アグレッションをやったのは、シナです。東京裁判では、シナ事変がどうして始まったかには立ち入らなかった。立ち入ると向こうがやったことがバレるからです。だから日本人は、アメリカ人と同じ論理をそこに使ってもいいのです。ウォー・オブ・アグレッションはシナのほうであると。しかし、ドイツの場合はウォー・オブ・アグレッションです。

西尾　それはもう間違いない。

渡部　しかし日本は違う。日本人がシナに対して悪い気持ちをもつのは、戦争を八年間もやったからです。僕は、戦争中どうして戦争が早く終わらないのかと思ってました。小学生だったのによく覚えています。日清・日露は一年足らずで終わっているでしょう。その痛恨の念がいつの間にか罪悪感にすりかわってしまった。

西尾　やはり、ドイツが行った戦争と比較するとわかりやすい。ドイツの場合は日本と大変異質な戦争であった。ドイツは周りを近代国家群に取り囲まれていて、それを征服するという明確な意図で仕掛けている。それに対して日本が侵入した相手は、主権国家ではなかった。主権は全部宗主国が握っており、日本は宣戦布告をするにも相手がいなかった。真珠湾のハワイですらもアメリカの植民地です。

だから、日本の戦争では、主たる交戦相手国であった英米仏蘭ソに対して罪の意識をまったくもち得ないものだった。これはドイツと決定的に違う点です。罪の意識をわれわれがもつとすれば、中国やフィリピンの奥地で行った民間人に対する迫害とか、そういうものに対してだけであった。

もうひとつは、ナチスは戦争目的以外の大量殺戮《さつりく》を行った。これは軍事的利益に反していました。スピルバーグの映画『シンドラーのリスト』で皆が知るとおり、たくさんの犠牲者を欧州各地から車両で運んで、強制収容所に集結させた。しかも、遠い東ヨーロッパ地域に集めた。軍事物資や兵員を補給しなければならない車両不足の時代に、軍事的に不利な話です。にもかかわらず、この非軍事的動機に基づく大量殺人は戦争末期になればなるほど増大していく。アウシュヴィッツにガス室が設置されたのは、一九四二年以降であり、ドイツは敗戦に向かっている時期なのです。明らかに戦争とは別の動機に基づく殺人です。

渡部　日本人がシナ大陸で民衆を殺したとか、シンガポールで殺したといいますが、あれは全部ゲリラを退治するためだった。ゲリラをしてはいけないというのは、ゲリラをやると普通の人との区別がつかなくなるからです。怪しかったら撃たざるを得ない。だから、これはナチスの人種抹殺とはぜんぜん関係ないことです。

西尾　ナチスは他にも、ポーランドの占領地域では高等教育をうけた者はみな粛清の対象にした。その犠牲者の数は一〇〇万人といわれています。また、小学校四年以上の教育は不要とした。一方、日本はソウルに帝国大学をつくっている。

渡部　大阪大学より先にです。当時は日韓同祖論というのが韓国人のあいだにもあった。

西尾　話を戻しますが、戦争犯罪とは戦争行為に付随する行きすぎた行為をさします。たとえば民間人の虐待、捕虜の虐殺、病院船の撃沈、住宅地に対する無差別爆撃、そうした行動です。これが通常の戦争犯罪といわれているものです。通常の戦争犯罪は戦勝国も犯します。戦争犯罪をするからといってその国が必ずしも犯罪国家ではない。それは、戦争犯罪をすることもある国ということであり、国家自体が犯罪国家ではない。じつは日本もアメリカも同じような意味で戦争犯罪をしたことのある国であって、国家自体がナチス・ドイツのような犯罪国家ではなかった。この区別は大事です。

そして、戦争犯罪の相互の和解をするために講和条約がある。サンフランシスコ平和条約がそれにあたるわけです。わが国は戦争犯罪に対してはいちおうの解決をみているわけですが、じつはドイツはまだいかなる国とも講和を結んでいません。ドイツは戦争犯罪に対する国家賠償をびた一文払っていないのです。それをみんな誤解している。すなわち戦争犯罪に対する戦後処理、あるいはそれに対する謝罪をドイツは夢にも考えていないということです。夢にも考えていないし、実行もしない。これからかりに平和条約が結ばれたり、講和が結ばれたりしても、周りが近代諸国ですから、おそらく賠償を求めることもないでしょう。

そういう意味からしてドイツのやった「人道に対する罪」とわが国のやった通常の戦争犯罪、米国も犯している戦争犯罪とは質を異にするということを、国民はよく知らないといけません。たとえば、ドイツが民族絶滅政策や広域における不妊・断種手術、人体実験に対して七兆円ぐらい払っているのだから日本も一兆円ぐらい払わなきゃいけないという類いのどんぶり勘定を細川さんが言い出しましたが、もっての他です。日本人がしてもいない犯罪を世界に吹聴するという愚かなことをするのは、国民に対するそれこそ犯罪だと思います。

渡部　その起源は全部無知からきている。それは国賊的な無知です。ドイツを例に引いて、都合のいいところだけをつまみ食いすることは、きわめて危険です。ドイツと比較するなら、西尾先生の『異なる悲劇　日本とドイツ』（文藝春秋）を読んでからにしてほしいですね。

第5章

日本は世界に大東亜戦争の大義を説け

第二次大戦を戦う名目があった日本、なかった欧米

渡部　「渡部昇一の新世紀歓談」の時間でございます。この番組は国益という立場からいろんな問題について歯に衣《きぬ》を着せないで切りこんでみようという、そういう趣旨の番組です。今朝のお客様は西尾幹二さんです。おはようございます。

西尾　おはようございます。

渡部　敗戦五〇周年記念と申しましょうか、それが近づいてきて戦争についてもいろんなことが報道されたりしてますが、当時の目で当時を見ることは非常にむずかしくなっています。西尾さんは、今度大変珍しい新聞の実物を持っておいでになられることを知りましたので、ぜひそれを紹介していただけませんでしょうか。

西尾　日本が「アジアの解放」ということを主張した、という事実はあるわけですが、いかにもその自覚は日本政府には当時はなかったし、主張もなかったということをしきりに言う。保守派の知識人のなかにも言う人がいる。これは昭和十七年二月十七日の朝日新聞、すなわちシンガポールが陥落した直後ですが、「首相インド独立に援助惜しまず　インドネシアの希望を尊重」とはっきり書いてあります。細かく申しますと、「ビルマにはビルマ人の建設を積極的

に行なう」、「インドは英国の支配から脱却せしめて独立の地位を与える」、「インドネシアはオランダの圧政より解放して、その地域をインドネシアの安住の地に足らしめる」と。それから「豪州及びニュージーランドは無益な戦争を避け、我が日本の信用を公正に理解する限りは、協力をおしまない」云々というような言葉ではっきりと記しています。これは当然、擬制――半分真実で半分プロパガンダ、一種のフィクションとしての真実、真実とフィクションの真ん中ぐらい、それを擬制といいますが。

渡部　それは首相が全世界に向けて言っているわけですから、選挙でいえば公約以上のものです。

西尾　いってみれば、どんな政治的主張もしょせんはすべて擬制なんです。それは英米側も同じです。当時、英米側には日本と戦う戦争理由というのは明確になかった。で、日本にはこれだけ立派な名目があった。名目にすぎないといったって、日本には名目があったけれど、英米側にはそれがなかった。なぜならば、英米は一貫して自分たちの中国およびアジアにおける権益を放棄しようとしなかったからです。

渡部　放棄しようとしたことはないんですね。

西尾　一度もないんです。それは戦争が終結した段階でもそうです。蔣介石政権は中国の権益を再びアメリカ、イギリスに返している。それぐらい英米側はすべてにわたって自分たちの利益というものにこだわっていましたから。そのことがじつは民主主義国家英米側の権威、威厳というものを著しく損なわしめていたのです。

公平な日本擁護論『アメリカの鑑・日本』を書いたヘレン・ミラーズ

渡部　先ほど保守的な歴史家と言われましたけれども、保守的な歴史家であるがために自民党その他の政治家に影響力のある大家たちが、第一次世界大戦後には世界はデモクラシーの方向に流れていったのに、日本だけが反対のコースを歩んだ、というようなことを、そういう先生方がおっしゃるものですから、これは害悪が大きい。第一次大戦後の民主主義的な流れなんていうのは西洋のごく一部であって、アジアでの権益を放そうとした国なんてないわけですよ。

西尾　結局、当時民族自決という概念が出てくるのも、東ヨーロッパがハプスブルク帝国から解放されて、あそこだけなんです。あの地域の独立国だけには、東ヨーロッパだけには民族自決を与える、だけどアフリカにもアジアにも、いっさい西洋はそれを与えなかった。ようするに西洋は地域によってダブルスタンダードだった。

渡部　もっとはっきり言えば、白人の国には民族自決、しかし色の着いた人種は問題外だった。

西尾　そういう人種的な感情が非常に高まった。第二次大戦が一種の「人種戦争」だったということに関しては、クリストファー・ソーンというイギリスの学者がいま素晴らしい研究をしているのは知られていますけれども、じつはこれは新しい本なんですが、『アメリカの鑑・日本』という本がごく最近出版されました。著者はヘレン・ミアーズという女性ですが、終戦から三年目の一九四八年に書かれた本です。アメリカの総司令部のメンバーの一人で、日本の労働基本法の策定に携わったという人ですけども、大変優れた見地で、日本の擁護論と言ってもいいのですが、それでマッカーサーによって、翻訳出版が禁止されました。当然なことだと思うのですけれども、たとえばどういう主題か、この本からいくつか引用したいと思います。

彼女の言葉ですけれども、「アメリカは自国から遠く離れたところで物を売ったり、資源を開発する権利を主張している。そして、自分たちの権益擁護のために必要とみれば、武力まで行使しているのに、日本が（中略）同じようなことをしようとすると、何で邪魔立てするのか、日本には理解できなかった」。

また別のところでは、領土の併合、あるいは力による経済的有利の獲得も、超大国がつくりだしたルールにしたがって、合法的にやりさえすれば、正当な行為とみなされる。列強の行動から見てとったのはそういうことだったのである。「ルールは大国の利益に役立つかぎり『合法』とされた。（中略）日本が学んだのは、認められたいなら、ルールを適用される側ではなく、ルールをつくる側にまわれ、ということだった」。「国際連盟は満洲事変を非難したけれども」、ここが大事な点ですが、植民地体制そのものは何ら非難していない。しかも、その非難の根拠は中国国民に対する憂慮ではない。欧米列強は中国における自分たちの地位を心配していたにすぎない。西洋は民主主義国家でさえ植民地に民主主義をもたらしたことは一度もないとはっきりと断言している。これは総司令部に勤務していた女性でつぶさにアメリカの政策をみていた人です。

渡部　戦前から日本や中国の研究をしていた人です。満洲国の話が出ましたが、満洲国が中国の領土だったことは一度もないと、はっきり書いてますね。

西尾　満洲というのは満洲族の国で、中国が満洲族に支配されたことはあっても、中国が満洲を支配したことは一度もないと、書いてますね。万里の長城の外なんだからと。

渡部　オランダ人の学者でもこう言った人がいました。もしも満洲がかつて中国を支配したことがあるがゆえに、中国がいま満洲を支配する権利がある、ということは、インドネシアがかつてオランダに支配されたという理由でオランダを支配する権利があると主張するのと同じだと、こう言った人もありますね。

西尾　ヘレン・ミラーズは日本の満洲を非難するのなら、なぜアメリカのフィリピンが、非難から免れるのかということも言ってますね。

日本の問題点も指摘

渡部　ヘレン・ミラーズの本を読んで、非常に気持ちがよかったのは、むやみに日本側の立場を言ってるのではないのです。日本側と同じようなことをこっちもやっておるんだから日本だけを非難するのはおかしいではないか、と言っているだけで、日本のやったことを良いと言っているわけでないんですね。日本も非難されているけれど、同じことを欧米もやっている。日本だけが非難されているというのはおかしいと。これは非常にバランスがとれた歴史観です。

西尾　私もそう思います。この方の本を読んでいて思ったのですが、日本をみるトータルとしての歴史観、日本が明治以来、欧米の模範的優等生として卒業証書をもらったんだと。ところが、それが、欧米の模範的優等生になった途端に、日本に脅威を覚え始めた欧米側が、にわかにルールを変えた。そしてそういうルールを変えて日本側を攻め始めたという欧米側の不公正を、日本の立場に立って徹底的に検証してみたらどう見えるか――という一種の知的実験をしているわけです。

渡部　しかも誠実な。

西尾　ですから逆に言うと、こういう大胆な知的実験をできるアメリカという知性の奥深さに、ある意味ではわが国は敗れたのだと。これは逆説かもしれないけれども、わが国にはそういうダイナミズムが欠けているというのも一方の事実です。ですからそれは素晴らしいことだと思うんですけど、ただ、こんな面白いことも言っています。「日本は欧米並みに優等生的にやっただけではなくて、じつは欧米よりもさらに進歩的で開明的なことさえやっているのだ」と。植民地で日本は一連の権益放棄をやっているじゃないかと。たとえば満洲では、真っ先に治外法権を放棄した。それからいわゆる汪精衛《おうせいえい》の南京政府に対しては、租借地の返還をただちにやったと。ところがそれは欧米列強にとってははなはだ穏やかならざることであった。

渡部　困ったことだったでですね。

西尾　「極東の国（日本）がたまたま一時的な緊急の措置として」、ですから政治的に誠実だと言っているわけじゃない、「進歩的行動をとっても、欧米民主主義国はそれを進歩的とは認めない。これが極東の近代史の奇妙なところである」というような分析をしているんです。

渡部　つきつめれば、白人史観なんです。さらに面白いのはマッカーサーが日本の国家神道にいろいろ文句を言いました。日本の神道についても単純ではありますがかなり的確に把握しておりまして、自然を信仰するところから出た宗教であると。だから国家が戦争になったときにその宗教が一生懸命になるのは当たり前ではないかと。それはアメリカにおいても教会がわっしょいわっしょいと戦争を励ましたのと一緒だと、そういうことを言っております。ですからこの人の発想というのは一言でいえば、公平です。

西尾　そうですね。ただこの人がひとつだけ強く日本を批判しているのは、日本が自分の力の次元を見失った、見間違えたと。つまり、自らの軍事力と経済力を過大評価し、米国はむしろ自らの軍事力と経済力を過小評価して、まるで羊の群れを撃ち殺すかのように日本兵は南の島々で殺されていったと、そういうことを言ってますね。その悲劇ということを一方で言っております。

公平であると同時に優等生、哀れというか。ですから犯罪じゃないんですよ、日本の戦争というのは。ようするに健気に生きたと。だけれども自分の姿というもの、自分の実力というものを見誤ったがために悲劇に陥ってしまったと、私はそう思っています。

日本攻略がアメリカの戦争目的だった

渡部　ヘレン・ミアーズが、この本を書く動機について、こう言っています。それは第一次世界大戦のときに、アメリカも日本も「同盟国」だった。その同盟国がどうして敵となったのか。その理由をアメリカ人はぜんぜん研究しておらんのではないか。研究してみるとどうも日本の悪かったところは少ない、と。だから日本の近代史をやる人に、このヘレン・ミアーズの立場が悪いかいいかを聞いてみたい。それは悪いと言う人はないと思うんです。第一次大戦ではアメリカともイギリスとも同盟国だった。それが離れた。なぜか。これは一方的に向こうから押しのけられたといってもまず間違いはない。

西尾　イギリスからアメリカに世界の覇権が移行していくプロセスに起こった出来事です。そして、イギリスは日英同盟が破棄されたのちも中国におけるイギリス自らの権益を日本の軍隊に護ってもらうという利益があったのですが、アメリカはそうじゃなかった。ですから第二次世界大戦が終わってみたらイギリスの権益が崩壊しているのですから、これは日英戦争であるべきなんですね。ところがじっさいに正面に立ちはだかったのは、やんぬるかなアメリカだった。ということはアメリカは最初からある意味では日本攻略を狙《ねら》っていた。

渡部　それは日露戦争が終わった翌年からオレンジ計画というものを立てて一年も休んだことはなかったですね。

西尾　ヘレン・ミアーズははっきり言ってますよ。アメリカ本土が日本の軍隊に脅威を覚えることは一度もなかったし、あり得ないことだと皆信じていた。しかし日本という列島を攻略するのは最初からのアメリカの戦争目的だったと、はっきりと書いてます。ですからわれわれは公平に問題をみていたら、日本がアメリカを占領するなんてことはあり得ないわけですから、アメリカが日本を攻略することがダイレクトな目的だったと思うのですが。

話を変えてよろしいでしょうか？

渡部　どうぞ。

西尾　最近海部《かいふ》（俊樹）元首相が、中国にやってきて江沢民《こうたくみん》主席と会談したときに、江沢民がこういうことを言ってます。アメリカが核問題では世界一だと――これは海部さんが核実験に反対したときに対してですが――アメリカが他国の核実験をダメだということは筋がとおらない。州の官吏は放火してもいいが、百姓は電灯をつけてもならない、というに等しいと、中国らしい比喩《ひゆ》で言ってます。アメリカがやっていることをなんで中国がやってはいけないのか、ということの議論は少しく当時の日本の国民感情を思わせるものがあって、何か気持ちがわかるところがありますよ。

渡部　わかる。

西尾　だけど同時に中国は危ないところに来ていると思います、自国の力を見誤っているということがあるし、江沢民はまたこうも言っています。中国の核保有はあくまで自衛のためであって、むしろアジアの平和に役立っていると。それで私は海部さんがなんと答えているか新聞で丁寧に読んだのですが、海部さんは相変わらず頭を下げっぱなしなんですね。私はそういったときに政治家だったらば中国に対して止めを刺すべきだと思うんです。そういう議論をするならば、日本はアジアのために核武装してもいい、と言いたいのですか、あなたは――というふうに江沢民に疑問を突き付ければ、江沢民のこの議論はすべて崩壊するわけです。

渡部　中国は核兵器の他にも武器を外国にどんどん売っています。あなた方が売るなら日本が売ったらどうするんですか、なんてくらいのことを言ってくれる政治家が一人や二人いてくれてもいいと思うんだけど、いないのですね。

慰安婦問題、アメリカと日本どちらが問題か

渡部　それから最近ヘレン・ミアーズをみて、いまでもこういう人が欲しいなと思ったのは、数日前いわゆる戦場慰安婦の財団法人（「女性のためのアジア平和国民基金」）ができて、原文兵衛さんが理事長になって首相が挨拶していました。慰安婦の問題は、われわれ口にするのも嫌なのだけども、もしもヘレン・ミアーズに言わせれば、こう言うと思います。

日本は当時の制度で、売春斡旋《あっせん》業者に頼んで、朝鮮半島なら朝鮮半島で集めて、そこで商売をさせた。

アメリカ軍はどうしたかと必ずヘレン・ミアーズは比べるんですよ。アメリカ軍はアメリカから戦場慰安婦は連れてこなかった。そして負けた日本に命令してアメリカ軍のために特別な吉原のようなものをつくれと命令した。そのことの証言者としては、都立大学の学長をしてい

る磯村英一さんが書いてます。

西尾　誰でも日本人は覚えてますよ。

渡部　そうでしょう、いや覚えていない人たちが戦場慰安婦を騒いでいるらしいんですよ。そしてつくらせられたんですよ。どっちがいいか悪いかは問題として、自分の国のお金で売春斡旋業者に集めさせて、自分の国から連れて行って戦争に負けた国の人を傷つけないのと、負けた国にお前つくれと言って、そこで遊ぶお金まで終戦処理費と称して日本からとってやった国とどちらが立派か——というのがヘレン・ミアーズ的な発想です。同じ現象に対して、だいたいアメリカと日本は何をやったかということなんです。

西尾　私は自らを主張しない民族はやはり滅亡すると思いますね。生きるということはそういうものだと思います。

すさまじい世界のなかで主張しない国は亡ぶ

西尾　また話を変えて恐縮なんですが、日本にとっての八月十五日はドイツにとって五月八日なんですが、日本の皆さんはドイツの新聞は謝罪と反省で埋め尽くされていると思っているかもしれませんが、大間違いで、ドイツ人は今年本音を叫び出しています。それは敗戦直後にドイツ国民に加えられた不正、暴力に対してです。それに対する怒りの声をあちこちの新聞があげだしています。

ひとつだけ紹介します。「フランクフルター・アルゲマイネ」という新聞はドイツのクオリティーペーパーで、ネオナチの新聞ではまったくありませんけれども、それがこのような社説を五月八日に堂々と掲げたのです。

今次大戦の降伏を解放と言い、われわれは嬉々《きき》として解放されたと言う人がいるけれども、それははたして本当だろうか。そんなことはまったくあり得ない。当時ドイツ人は生きるよりも死に近い状態で気息奄々《えんえん》と生きていて、もう空襲はないということにみんなほっとしたけれども、誰一人ドイツ人のなかでナチスの犠牲者はもう出ないとほっとした人など一人もいない、と。そんなことを言ってるのですよ、はっきりと。それで戦後のドイツ人は後知恵と反省で嘘をつき始めていると。

その後、東ヨーロッパでは災難が襲い掛かってきて、そして収容所に入れられたドイツ人は虐待され殺害されて、そういう状態になっていたわけですが、当時の連合軍はドイツを解放したのではない、ドイツを打ち滅ぼそうとしていたのが実態である。一つとしてドイツ人は畏れながらと訴え出れる審判の、裁判の場所はなかった。ドイツ人が戦争降伏を解放として、経験したとか、歓呼の声で終戦を迎えたなどと主張する者はあの時代について何も知らないのだ、と。そしてその後多くのドイツ人が声高に「犯罪を帳消しにしてはならない」という声が、戦後のドイツをおおうんですよ。ご承知のことと思いますが、ヒトラーの犯罪――ドイツ人がされた不正とかドイツ国民がうけた不幸を言いすぎると、ヒトラーの犯した罪を軽くすることになるから犯罪を帳消しにするという議論が出ましてね、犯罪を帳消しにしてはならないという叫びが、その後声高に論じられたけれども、とこの人はいうのです。そんなことはない、犯罪を帳消しにすることとはまったくこれは別のものである。そういう叫びを言う人はじつは犯罪（ドイツ側に加えられた犯罪）はそもそも取り上げないようにしろということであり、また「ドイツ人犠牲者の追悼をしないよう」にしろということであり、また赤軍による集団暴行やシュレージェンやボヘミアにおいてドイツ人が犯されてきた大虐殺、ロシアへの流刑など永久にタブー視しようとしているのであると、そしてこのタブーに従わない者は、ドイツ人が実行した集団殺戮《さつりく》を帳消しにしてこの事実から目をそらそうとしている、との非難攻撃を浴びせかけようとしているといって、この社説は次のような言葉で結んでいる。「ドイツ人は戦争終結時と戦後の最初の数年の苦しみに思いをはせる（中略）権利を有するものである」と。

これはドイツ第一のクオリティーペーパー「フランクフルター・アルゲマイネ」の社説であって、ネオナチとは関係はない。ところが日本ではまるでドイツというと謝罪と反省で明け暮れていて、日本はそうじゃない、けしからんと。

渡部　もういやになるほど言う人がいますよね。イギリスのほうは少し反省して、空襲して悪かったということで、一緒に教会でドイツと和解のお祈りをするということをやったんです。ところが、ドイツとは和解の祈りはしても、日本とはやらないんです。なぜか。それは日本人が有色人種だからです。

西尾　そのとおりです。

渡部　まだ教会ですら日本人との和解の祈りはしないのです。なぜかというと、日本人が戦争中にイギリス人の捕虜をこき使ったとか、そんな話なんです。それは悪かった。じゃあ戦争が終わってから、イギリス人は日本人の捕虜をどうしましたか。虐殺ですよ。もう死ぬことがわかっていながら虐待しました。それからろくな裁判もしないで死刑にしました。さらに酷いのはソ連です。これについては意外に日本の大新聞は書いてくれない。数十万の人を戦争が終わってからシベリアに連れて行って、実際上数万人殺したわけですからね。

西尾　ドイツが深い陳謝と謝罪をしたがゆえに、近隣諸国がドイツを許しているという話ではないんです。そうではなくて、ヘルツォーク大統領とメージャー首相のやりとりの演説を読みましたが、結局いま渡部さんがおっしゃったように白人文明一体なんですよ。

それでですね、ユダヤ人の問題は別なんです。どうして別かというと今年アウシュヴィッツで、五〇年祭があって、ワレサ・ポーランド大統領が演説をやった。そのなかで驚くべきことにユダヤ人を追悼する言葉がなかったのです。ポーランドの被害者を追悼すると。ワレサ大統領の頭にはユダヤ人の被害というのはなかった。日本人だとアウシュヴィッツといえばすぐユダヤ人だと思うでしょう、それでアメリカのユダヤ人が怒って、結局最後にその演説を入れることになったわけですけれど、それくらいこのヨーロッパというのはしたたかというか滅茶苦茶というか、日本人には理解できないくらいで。ユダヤ人は別なんです、別問題なんです。

渡部　日本はちゃんと主張することは主張しなければなりませんね。ドイツと日本の都合のいいところをもってきて、反省が足りないとかね。

西尾　すさまじいということです、世界は。

渡部　そうです。ドイツはいまから三十数年前に徴兵制を復活してましてね、ドイツ陸軍は全部無罪になってます。そんなことも考えて日本は主張することは主張しなくてはなりません。

第6章

教科書をモミクチャにしたA級戦犯たち

西尾　「侵略」「進出」の記述をめぐって渡部さんたちが頑張られた昭和五十七年の教科書問題を第一次教科書問題とするならば、われわれ「新しい歴史教科書をつくる会」がいま提起している問題は第二次教科書問題と言うことができると思います。

渡部　中国華北における日本の軍事行動を「侵略」と記述した教科書が、検定によって「進出」と書き改めさせられた——日本のマスコミがそう報じたのを発端として、日本の検定制度に韓国、中国から轟々《ごうごう》たる批判が寄せられたのが第一次教科書問題の始まりでした。

ところが検定で「侵略」を「進出」と書き改めさせた事実などありはしませんでした。これはまったくの「誤報」だったのです。にもかかわらず当時、鈴木善幸内閣の宮澤喜一官房長官は、間近に迫った鈴木総理の訪中を平穏無事にとり行いたいという小役人根性から、韓国、中国の理不尽な要求を唯々諾々と呑み、「政府の責任において（教科書の記述を）是正する」「検定基準を改め、前記の主旨（アジアの近隣諸国との友好、親善）が十分実現するよう配慮する」と約束した国辱的な官房長官談話を発表してしまう。

こうして検定基準に加えられたのが「近隣アジア諸国との近現代の歴史のあつかいに、国際理解と国際協調の見地から必要な配慮がなされていること」という「近隣諸国条項」ですが、これはその後の歴史教科書に致命的な害を残しました。

事実がどうであれ、アジア諸国がクレームをつけてきたら、それは「必要な配慮」がなされていないということになるから、事実上、検定などできなくなってしまったんです。

「募集」が「強制連行」になるまで

西尾　私は「必要な配慮」は日本側の自由裁量で決められる範囲のものであって、どんなクレームがつこうが日本は日本の教育権を優先させるのが当然と考えます。

あれから一五年――いまの教科書問題がどのような状況にあるのかを示す、いい例がありますのでご紹介したいと思います。

今年の三月十二日、参議院予算委員会の総括質疑で、自民党の小山孝雄参議院議員が教科書問題を取り上げました。これはともすれば「従軍慰安婦」ばかりに傾きがちな教科書問題で、一般の朝鮮人労務者の強制連行問題に触れている点でも高く評価できるものです。

質問に至る背景を説明しますが、この経緯については昨年の八月十日付の産経新聞がスクープ記事を掲載しており、それにそって話を進めましょう。

まず中学の歴史教科書の最大手である東京書籍の平成七年度の検定を受けた中学用『新編新しい社会　歴史』に「歴史の窓――朝鮮人強制連行」と題した記述があり、そこには日本軍人、警察官等が整列している後ろに作業服を着た労務者を満載したトラックが止まっている写真①が《トラックで連行される人々》というキャプション付きで掲載されていました。
この写真は岩波書店刊『グラフィック・レポート　清算されない昭和——朝鮮人強制連行の記録』から転載されたもので、同書のキャプションは《警察のトラックに満載された強制連行者》となっています。
ところがもともとこの写真の出典は、札幌大学の桑原真人教授が所有する『１９４０年に慶尚南道内鮮協会が作った「内地移住労働者渡航保護訓練状況」のアルバム』というものなんです。

渡部　たしか労務者は「募集」「官斡旋《あっせん》」「徴用」の三つの段階で集められたと思いますが、これは時期的にはどうなんですか。

西尾　写真の所有者である桑原教授自身も「かりに使うなら、昭和十四、五年当時のものでなく、少なくとも、官斡旋が行われた昭和十七年以降のものを使うべきだ。十五年当時は、募集形式であり、募集をすべて強制的であるととらえるのは難しい」と産経新聞の取材に答えています。
あとで述べますが、質疑のなかで小山議員が労働省の政府委員から次のような答弁を引き出しています。つまり昭和十五年、朝鮮ではまだ労務者を「募集」形式で集めていた。それが昭和十七年ごろから朝鮮総督府が関与した職業紹介所などによる「官斡旋」形式となり、昭和十

郵便はがき

料金受取人払郵便

牛込局承認

5559

差出有効期間
平成31年12月
7日まで
切手はいりません

162-8790

東京都新宿区矢来町114番地
神楽坂高橋ビル5F

株式会社ビジネス社

愛読者係 行

ご住所 〒 TEL: ( ) FAX: ( )			
フリガナ お名前		年齢	性別 男・女
ご職業	メールアドレスまたはFAX メールまたはFAXによる新刊案内をご希望の方は、ご記入下さい。		
お買い上げ日・書店名 年 月 日 市区町村 書店			

ご購読ありがとうございました。今後の出版企画の参考に
致したいと存じますので、ぜひご意見をお聞かせください。

書籍名

お買い求めの動機

1　書店で見て　2　新聞広告（紙名　　　　　　　　）

3　書評・新刊紹介（掲載紙名　　　　　　　　）

4　知人・同僚のすすめ　5　上司、先生のすすめ　6　その他

本書の装幀（カバー），デザインなどに関するご感想

1　洒落ていた　2　めだっていた　3　タイトルがよい

4　まあまあ　5　よくない　6　その他(　　　　　　　　)

本書の定価についてご意見をお聞かせください

1　高い　2　安い　3　手ごろ　4　その他(　　　　　　　　)

本書についてご意見をお聞かせください

どんな出版をご希望ですか（著者、テーマなど）

九年になってやっと国家総動員法による国民徴用令が適用され、勤労動員、いわゆる「徴用」形式になると。

「官斡旋」や「徴用」ならまだしも、「募集」に応じて集まってきた人までも「強制連行」とするなど言語道断です。

写真①：岩波書店、東京書籍が「強制連行」として転載

そもそもこの写真が岩波書店の『清算されない昭和』に掲載されるときも、桑原氏には無断で使用して、トラブルになったこと、さらに東京書籍が転載するに際しても、桑原氏にはいっさい断りがなかったことも産経新聞は伝えていました。

この記事に対し東京書籍の中学歴史教科書担当編集者は、「まだ（最終の編集に）時間があるので、事実関係を調べたうえで、きちんと対応したい。かりに事実と違っていれば、当然、訂正や差し替えの検討もあり得ると考えている」とコメントしています。

渡部　当然ですね。

西尾　その後、写真とキャプションが訂正されたという話を聞きまして、私もどういうふうに改善されたのか期待していたわけです。

ところが、差し替えられた写真②も昭和十五年、つまり相変わらず

写真②：写真①と同様に「強制連行」の証拠写真として使用された

「募集」段階のもので、トラックの上で整列していたカットが、トラックの走行直前のカットに変わっているだけ。キャプションは《集められた朝鮮の人々　１９４０年ごろ、トラックに積まれて故郷をはなれる人々。》となっているだけで、これが「強制連行」の写真であるというスタンスには変わりがないわけです。

　しかも写真に続く記述を見ると、《朝鮮人の強制連行は１９３９（昭和14）年から始まりました。最初は「募集」という形式でしたが、それは決して自由意思によるものではありませんでした。》とあり、この記述は写真の訂正前と変わっていない。

　さらに記述は「官斡旋」についても《警察官や役人が土足で家に上がり、寝ている男を家から連れ出すこともありました。抵抗する者は木刀でなぐりつけ、泣きさけびながらトラックに追いすがる妻子を上からけりつけたともいわれています。》と続きます。これも小山議員の質疑で明らかになりますが、こういうことが事実であるかどうか、慰安婦問題の調査をした外政審議室もこれについては調べていないと逃げるばかりでした。

文部省がなぜ左翼によるる

渡部　つまり東京書籍は確信犯であったわけですね。しかし訂正のいかんを問わず、産経新聞にスクープされる前にすでに検定は済んでいた。そんなことすら検定できなかったのは、先ほど言いました宮澤氏による「近隣諸国条項」の害なんです。

西尾　ええ。これらの推移を踏まえたうえで、小山議員は政府委員に強く問うているわけです。政府委員は文部省の辻村哲夫初等中等教育局長でした。その答弁を「参議院予算委員会総括質疑速報」から引用しますと、

「さまざまな意見があろうかと思いますが、一般的に強制連行は国家的な動員計画のもとで人々の労務動員が行われたわけでございまして、募集という段階におきましても、これは決してまさに任意の応募ということではなく、国家の動員計画のもとにおいての動員ということで自由意思ではなかったという評価が学説等におきましては一般的に行われているわけでございます。」

なんと公に「募集」したものでも自由意思を踏みにじる強制連行である――そんな学説が「一般的」であるなどというデタラメを、文部省の初中局長たるものが言っていいものでしょうか。

小山議員は、この答弁に対して労働省の政府委員を呼び、辻村局長の言うところの「国家的な動員計画」について説明させています。なぜ労働省かといえば、国家総動員法の所管はかつては厚生省の労務局であり、それを戦後、引き継いでいるのが労働省の職業安定局であるからです。

征矢紀臣局長は先ほど述べたように、国家的な動員計画である国家総動員法、そしてその第四条に基づく国民徴用令は昭和十三年に制定されてはいるものの、国民徴用令第二条において、「徴用ハ特別ノ事由アル場合ノ外職業紹介所ノ職業紹介其ノ他募集ノ方法ニ依リ所要ノ人員ヲ得ラレザル場合ニ限リ行フモノトス」とあり、それが適用されたのは昭和十九年三月以降であると答弁しています。つまり「募集」と「徴用」とを労働省はどこまでも区別している。

しかしこの答弁の後、再度、小山議員が辻村局長に問うても、

「先ほどもお答えしたとおりでございますが、強制連行の中には、先ほど申しましたように、募集の段階も含めましてこれを評価するというのが学会に広く行き渡っているところでございます。」

と繰り返すばかりです。「学会に広く行き渡っている」のならぜひ証拠を見せてほしいですね。そんな「学会」のほうが非常識に決まっている。

文部省の責任者が、一部の左翼か何かの偏《かたよ》った学者の本を頼りに、学説とか学会に広く行き渡っているという隠れ蓑《みの》で強弁する――いったい、いつからこんなことが起きるようになってしまったんでしょうか。

教科書問題に関しては、われわれ言論界もできるだけのことはした、そして政治家でも小山議員のように、ここまで追及している人もいる、しかし、それでも「山は動いていない」のが現状であり、由々しきことだと思うわけです。このままでは、国民がもう黙ってはいないのではないですか。

渡部　宮澤氏による「近隣諸国条項」以来、コリアン――私は現在の韓国と北朝鮮を併せた地域をそう呼ぶことにしています――の歴史観や言葉の用法が無批判に日本で横行するようになりました。文部省の局長の言う「学説」もまさにそうです。

だいたい、この「強制連行」という言葉ですが、これは元来、日本の用法にはなかったものです、これはコリアンの用法なんです。

コリアンの用法では、かつて日本に協力したり、日本で働いたりした人は皆、「強制連行」ということになる。もちろん、われわれの常識、用法から言えば、国民徴用令によって勤労動員されたものが「強制連行」にあたります。しかし、コリアンの用法では、「募集」でも「官斡旋」でも「徴用」でも、全部「強制連行」のカテゴリーに入れてしまうんです。

西尾　しかも義務教育で用いる教科書が、そういった外国産のカテゴリーを国民に押しつけることに協力している。

渡部　行政訴訟でも起こして、文部省と担当の官僚を糾弾するぐらいのことはやるべきだと思いますね。

西尾　日本の教科書では韓国の言い分が無批判に反映される一方で、韓国の教科書ではどうか、また日本はそれに対してどう対応しているかといいますと、これも先ほどの小山議員の総括質疑に出てきますので、少し引用しましょう。

韓国の国定教科書にも、この三月から慰安婦についての記述が加わりました。これについて小山議員は外務省アジア局の加藤良三局長、そして池田行彦外務大臣（いずれも当時）を追及しています。

まず加藤局長に韓国の慰安婦に関する教科書記述の内容を把握しているかどうか尋ねます。局長は、

「まず、中学校の教科書でございますが、『女性までも挺身隊という名で引いていかれ、日本軍の慰安婦として犠牲にもなった。』、次は高等学校の教科書でございますが、『女性たちまで

挺身隊という名で引いていかれ、日本軍の慰安婦として犠牲にもなった。』、以上でございます」

と答弁しています。

渡部　それはひどい。男子は勤労動員、女子は女子挺身隊と言ったことは当時、生きていた人なら皆知っていますよ。私も学生でしたから学徒勤労動員。そのとき女学校は女子挺身隊で、まったく慰安婦などとは関係がない。

西尾　ええ。ですから小山議員も、これについて、訂正の申し入れをしているかどうかを二度にわたって問うたところ、加藤局長は、官僚答弁の典型と言いましょうか、饒舌《じょうぜつ》ではあるが内容がない答弁に終始、結局は何もしていないということが露顕しました。

そこで小山議員は外務省組織令の第二四条三項で、外務大臣、海外広報課の事務として、「外国の教育資料等における日本に関する事項の調査及び是正に関すること」が明記されていることを示し、きちんとした申し入れをするよう池田外務大臣に要請しましたが、池田外相の答弁も加藤局長と同じで、結局、外務省としては何もしていないし、これ以上のことをするつもりもないということが明らかになっただけでした。

こういう政治のやる気のなさがいちばんの問題だと思うのです。小山議員の質疑の最後に橋本龍太郎総理が所感を述べています。

「私なりに申し上げさせていただきますならば（中略）問題は、たとえばいくつのころにどの程度まで知ってもらえばよいのか、またその国の歴史として知っておいてもらわなければならないことはどうなのか、今そのような思いを、議員のご質問をまた政府側の答弁を聞きながら感じておりました」

一連の重大な問題提起を前に、総理としてどう動く、どう責任を取るということがまったく欠如した、ただ「感じておりました」という、言ってみればどうでもいい個人の感想を述べただけなのです。

渡部　政治家がこの問題に対して腰砕けになったのは、やはり昭和六十一年九月に藤尾正行文部大臣が、『文藝春秋』誌上で「日韓併合は韓国にも責任がある」と発言したことに韓国から強硬なクレームがついて、中曽根康弘総理が藤尾文相を罷免してしまったことに始まっています。

日本の国務大臣は天皇陛下の認証を得た、昔で言う親任官です。それが青瓦台（韓国大統領府）からのクレームでクビが飛ぶという習慣が、この一件以降ついてしまった。韓国でも日本の大臣のクビを飛ばすことができるとなれば中国も黙っているわけはなくて、今度は北京からクレームがついて、また日本の大臣のクビが飛ぶ。つまり日本の大臣のクビはソウル抜き、北京抜きではつながらないということが厳たる事実になってしまった。

こんな内政干渉そのものを習慣化してしまった中曽根総理の責任は重大ですが、これもやはり宮澤氏の「近隣諸国条項」のコンテクストで理解されることなんです。クレームがついたというだけで、それは向こうの感情を配慮していないことになり、それはいけないことなんですから。

西尾　先日、第二次橋本改造内閣が成立しましたが、その外務大臣に就任した小渕恵三氏は、就任直前に「みんなで靖国神社に参拝する国会議員の会」の会長を辞任しています。最初から中国にコントロールされることを承知して動いているんですね。

渡部　まさに救いがたい政治状況です。

「性犯罪国家」という不名誉

西尾　私は政治家や官僚だけでなく世の中一般が、物事の取り返しのつかなさがわからなくなっている、たとえばルビコン川を渡ってしまえばもう元に戻れないのに、そういったことをとても安易にやってしまう傾向が強まっていると最近つくづく感じているんです。それは在日外国人の公務員採用もそうですし、夫婦別姓もそう。いつのまにか法案化にまで浮上してくる。「従軍慰安婦」問題について言えば、平成五年の宮澤内閣の河野洋平官房長官の談話がそれにあたります。

何度も指摘されていることですが、当時の石原信雄官房副長官と外政審議室が、元慰安婦からの聴き取り調査以外にはどんな書類を見ても強制連行を示すものはなかったと認めたにもかかわらず、河野氏は「官憲等が直接間接的にこれに関与したこともあった」「その募集、移送、管理等も、甘言、強圧による等、総じて本人たちの意思に反して行われた」などと強制連行を認める談話を発表してしまった。

ここでなぜ河野氏は談話のなかで「公文書にはいくら探しても強制連行を示すものがなかったが……」との一言を入れておかなかったのか。この一語を入れ、日本人をぎりぎり守ったうえで、別のことで政治決着を図ればよかった。

この談話のおかげで、日本は若い娘の奴隷狩りのようなことをインスティテューショナルに、しかもシステマティカルに行ったという誤解が世界に広まってしまった。

以前、『諸君!』に書きましたが、ドイツの新聞『フランクフルター・アルゲマイネ』紙に、日本は国家が売春宿を経営して七万から二〇万の朝鮮人の未婚の女性をかどわかし、強姦、凌辱《りょうじょく》の限りを尽くした、その証拠書類が日本政府の文書庫のなかからついに見つかった――などというデタラメが書かれてしまうわけです。

かつて真珠湾攻撃の際に、外務官僚の不手際で宣戦布告が遅延し、日本は末代まで「卑怯《ひきょう》な国」という不名誉を背負わなくてはならなくなったのと同じに、河野氏と外政審議室の不始末は、やはり末代まで「破廉恥国家」「性犯罪国家」の不名誉を日本に背負わせることになるんです。私は現インド大使の当時の外政審議室長は、即刻、免職にすべきだと思います。このイメージを回復するのは容易なことではない。

渡部　しかも、腰砕けの対応でひたすら謝って、それで事態が好転するならば何とか我慢もできようものですが、決してそうじゃない。謝るたびに事態はますます悪くなっているのに、まだ謝ろうとしている。

西尾　隣家の人と喧嘩をして、菓子折下げて「ごめんなさい」と謝りにいくようなセンスで国家間の関係を考えるという日本の政治家や官僚の政治感覚のなさが、いまや行きつくところまで行きついた、そんな絶望感にとらわれているんです。

渡部　たしかに政治家、官僚は取り返しのつかないことを重ねてきました。しかし、それを訂正する手もあるんです。それを担うのがマスコミ、とくに新聞なんです。日本で深刻なのは、その新聞がこういう問題に関して危機的な状況にあることではないですか。

今年になって慰安婦訴訟の原告の一人であった文玉珠さんという方が亡くなりました。朝日新聞はじめ各紙に死亡記事が掲載されましたが、朝日新聞では他紙には書いてある重要なことが省かれていたんです。

文さんは慰安婦訴訟の他に郵政省とも訴訟を行っていました。それは慰安婦としてビルマにいた三年間に五万円の野戦郵便貯金をしていた。それが敗戦のどさくさで払い戻されなかったから返還してくれという訴訟です。なぜ朝日新聞はこれを省いたのか。

当時、五万円の貯金があるというのは大変なことですよ。同時期、私は郷里の山形県鶴岡市にいましたが、近所の時計屋が総二階建の豪壮な家を新築しまして、それにかかった費用が一〇〇〇円であるというのが近所の話題になったものです。一〇〇〇円で豪邸が建つ時代に三年間で五万円稼げるということは、慰安婦はものすごく儲かったということなんです。

連合国側がビルマで慰安婦から取った調書が残っていますが、そこには強制連行も残虐行為も何も記されていないことは知られています。つまり郵政省との訴訟に触れると、そこから芋づる式に朝日新聞が築き上げてきた「従軍慰安婦」像が崩れる証拠が出てきてしまう。それを恐れたんです。

西尾　朝日新聞のやり口はまさに盗人《ぬすっと》猛々しいかぎりですが、こういう誤魔化しがいつまでも通用するとは思えません。

二十一世紀は「言論戦」の時代

渡部　ところで西尾さんたちはいま新しい歴史教科書をつくることでナショナルな歴史観を確立されようとしている。グローバル化がいわれるいま、なぜナショナルな歴史観が必要なのか――それについて議論を深めてみましょうか。

西尾　私は二十一世紀というものを考えたとき、もう大戦争は起きないというふうに半ば期待し、半ば確信しています。ならばそれはどんな時代になるのか。

二十世紀は戦争の世紀と言われ、とくに一八七〇年から一九七〇年の一〇〇年間は世界は戦争の渦のなかにありました。その中心に第二次世界大戦があったわけです。そしてこれからは、この戦争をどう解釈するのかという論争が国益を決めていく時代になるのではないか――私はそう考えているのです。

つまり二十一世紀には戦争が起こらない代わりに、二十世紀の戦争についての歴史認識をめぐる国際的な大ディベートが起きて、それが戦争の代用として国益を決めていくのではないかと。

そこで教科書問題の重要性が認識されるのです。国益をかけて言論戦が行われるというときに、いまの歴史教科書で育った子どもたちが国際的に言論で戦えるのか。自国の国益を守るという健全なナショナリズムを教えることができない歴史教科書ではどうにもならないというのは、そこにかかってくるのです。

若い保守評論家が、教科書なんかを直しても世の中どうにもならないというようなことを言って茶々を入れていますが、中国が香港返還後に最初に手をつけたのが香港の教科書の改訂なんです。天安門事件は教えないとか、英国の植民地支配の功績はいっさい認めないとか。それくらい教科書というのは国民づくりのきっかけであり、国際政治のポイントであることをよく知っているんですね。

渡部　歴史認識の問題、教科書の問題というのは、大きく見ればやはり国と国との争いです。戦争以外の国家間の争いというのはいわば民事訴訟のようなもので、自分の言い分というものをきちんとしておかなければ絶対に争えない。平時において自国の言い分というものを国内的にきちんとしておかないと、外国からどこまでもつけ込まれるということを自覚しない政治家、思想家が多すぎますね。

たとえば村山富市氏が総理在任中にシナ事変が勃発《ぼっぱつ》した盧溝橋《ろこうきょう》に行って謝罪をした。しかし盧溝橋で最初の一発を撃って軍事衝突を引き起こしたのは中国側であることはすでに明らかになっています。無理矢理に日本を断罪しようとした東京裁判すら、シナ事変がどうして始まったかを調べたところ、日本側に非がないことがわかり途中で調べるのをやめている。それをひとこと言えばシナ事変を日本への脅かしのタネにつかうことはできなくなります。

　それなのにわざわざ盧溝橋で謝罪なんかするから、いつまでもシナ事変を歴史認識の問題として取り上げられるんです。

　こういうことを日本の指導者はもっとよく知らなくてはいけません。日本の立場を有利にできる論理構成というのは、嘘などつかなくてもいくらでも可能なんです。

西尾　日本の政治家は歴史を知らなさすぎますね。

渡部　ええ。日本はいうならば民事訴訟で相手を沈黙させることができる論理構成を韓国にも、中国にも、アメリカにも、イギリスにも完璧《かんぺき》にできるんです。ですから昔は向こうもおいそれと歴史認識なんて言いださなかった。

　それがいつのまにか日本のほうから進んで謝るような変な事態になってしまった。細川護熙《もりひろ》元総理なんかは言わなくてもいいところで「あれは侵略戦争でした」などと言ってしまうものだから、無用の摩擦を引き起こしている。

　その実例をあげますと、以前、笹川財団（現日本財団）関係の財団がビルマ戦線における英国人捕虜だった人たちを日本に招いて親善交流をしたことがあります。そのとき元捕虜だった人に、日本の元兵士が「あのとき捕虜収容所に関係した日本の兵隊の多くが捕虜虐待ということで死刑になりましたよ」と話してあげたんです。すると彼らは愕然《がくぜん》として、「それはひどい。たしかに俺たちは食べるものも足りなかったし労働もきつかったが、日本の兵隊も贅沢《ぜいたく》していたわけではなく、同じようなものを食べていた。ひどい目にあわされたこともあるけど、彼らは死刑になるようなことはしなかった」と非常に気の毒がって、それで自発的に靖国神社に参拝していきました。私はこれで戦後の日英関係の最後の刺《とげ》が抜けたと思いました。

そこに細川総理の侵略戦争発言があったのです。その途端、ビルマ戦線の元捕虜たちが、補償要求をしてきたんです。もちろんサンフランシスコ平和条約で補償問題は解決しているわけですから、日本政府はそれに応じることはできません。せっかく長い恩讐《おんしゅう》が解け、和解したところなのに残念でなりませんでした。

西尾　結局、国内がきちんとしていないと世界で通用しないということなんです。

歴史教科書を読んでいると、満州事変以降、世界の平和の攪乱《かくらん》者は日本で、平和の使徒アメリカが日本を懲らしめるために重い腰を上げてやりたくもない戦争をやった、そう書いてあるわけです。しかし実際は、第一次大戦後、アメリカは相当なエゴイズムをもって日本を徹底的にいじめ抜いた構造がある。日本が立ち上がらざるを得なかった理由というものがあるのに、アメリカの正義、アメリカの歴史観で描かれた教科書にはそういうことは書かれない。

渡部　偶然ですが、この夏、カール・ヒルティの研究のためにスイスに行ったんです。日本ではエッセー『眠られぬ夜のために』とか『幸福論』で知られている法学者であり哲学者ですね。そこで彼の関連資料を読んでいて見つけたのですが、彼は二十世紀初頭のハーグでの平和会議にスイスの代表として出席しているんです。そのときの感想として、日露戦争後、満州経営に乗り出した日本に対するアメリカの嫉妬《しっと》心というのはどうしようもないほど強い、という主旨のことを書き残している。アメリカは満州に入りたかったんですね。それを日本に取られたことに対する嫉妬心に驚いたと。

西尾　平和な時代においてこそ戦争を想像しておくこと、戦争の時代像をきちんと想像力をもって復元しておくことこそ歴史そのものであるということなんです。それがいまの日本はできていない。

できていないばかりか、戦争に負けてよかったと言い出す始末です。戦争に負けたから民主主義を与えられた、そして経済大国になった、軍人が威張り散らすこともなくなった――こういうことをかなりの地位の財界人や政治家が平気で言うようになりました。

これは大きな間違いだと私は思っています。勝っていたらどうなっていたという話ではなく、戦争に負けたためにわれわれは自分の意思を失ってしまった。外国の歴史観で自国の歴史を描き、あとはただ物質的に豊かでさえあればブタのように生きていてもいい、そういう国民になってしまった。こういう国民は結局、ブタのように殺されることを待っている国民だと言えないこともないのですから――負けてよかったなどとは口が裂けても言ってはいけないことだと思います。

渡部　平和条約というのは何も理想を現出するようなものではなく、両方に言い分があるところを、負けたほうが多少貧乏クジを引いて手を打つ、つまり示談することにすぎません。ですから日本はこの敗戦によって非常に不利な示談交渉をしたわけです。ところがそれをさらに不利な状況にしようという勢力が日本のなかにいる。負けてよかったという精神構造はそういうところに通じるものがありますね。

西尾　ただしわれわれは反米を説いているわけでは決してないんです。日米安保条約をはじめ日本とアメリカは国益をともにしている同盟国であり、その基盤をゆるがせにしようと画策するつもりなどまったくありません。

現在の日米の同盟関係の絆《きずな》を固くしていくことと、過去――もう半世紀も前の歴史となった二十世紀の戦争――を解釈するうえで日本が自己本位の見地を貫くということは、言葉あるいは思想において少しも矛盾していないんです。自己本位の姿勢を維持すれば、かえって同盟国から敬意を買うんです。

緊密な同盟関係を維持しつつ、かつ過去の認識においてはアメリカに譲歩しないという二重性――それはこれまで深く傷つけられていた国家本能というものを日本が回復するということであり、別段、反米になるわけではないのです。

「採択」という教科書問題

渡部　なるほど。ところで教科書問題に戻ると、四〇年にわたって争われてきた家永裁判がついに結審しました。家永さんの教科書はいまのものに比べると、まあ可愛いもんだという感じで、その内容には踏み込みませんが、面白いのはこれを扱った第三小法廷の五人の裁判官の意見分布なんです。

「朝鮮人民の反日抵抗」「日本軍の残虐行為」「731部隊」「沖縄戦」とそれぞれの検定箇所について、「沖縄戦」を除いてすべて違法という判断を下した裁判官が二人います。大野正男元日弁連理事と尾崎行信元第一東京弁護士会会長です。大野氏は宮澤内閣のときに任官、尾崎氏は細川内閣ですね。

西尾　結局、政権の保守性というか、総理がしっかりしていないと妙な人物が最高裁に入ってきて妙な判決を下すという恐ろしいことが起こると言えると思いますね。

渡部　私はこうした人は実質左翼、つまり反日勢力であると考えています。

西尾　宮澤氏、細川氏ともに教科書問題でもA級戦犯とみなされる人物ですが、彼らが指名した裁判官が左翼寄りの判決を下す――問題は通底していると言わざるを得ません。

渡部　ところで私は「新しい歴史教科書をつくる会」が編集する教科書に期待を寄せているんですが、それを普及させるには内容の充実以外に大きなネックがあると思うのです。それは「採択」の問題です。

どんなにいい教科書をつくっても、それが「採択」されなければ広まることはない。「近隣諸国条項」以来、「検定」が実質的に尻抜けになっているいま、教科書は何を基準につくられているかといえば、それは「どういう記述にすれば採択されるか」以外にありません。それでは義務教育の教科書でいえば採択権をもっている各教育委員会はどういう教科書を求めているのか――こういう順番で考えていくと、自ずといまの教科書が左翼的な歴史観で書かれていることの必然性がわかります。

西尾　各教育委員会の委員の先生方は、それなりに穏健保守の人が多いと思うのですが、実際に教科書を選定している調査委員と称する先生には日教組系の人が多いと聞いています。教育委員会はなぜか彼らに握られている。だからこそ左翼史観のものしか採択されない。

渡部　またこれは私と関西大学の谷沢《たにざわ》永一教授の対談をまとめた『こんな「歴史」に誰がした』（クレスト社刊）で詳しく述べましたが、大阪市同和教育協議会と大阪府同和教育研究協議会というところでは『1997年度用　中学校教科書検討資料』というB5判二〇三頁にもおよぶ文書をつくっています。そこには「検討の視点」と題して、「記紀の内容が、皇室中心の物語として改作されたことが明記されているか。」、「日本の朝鮮侵略政策の流れが、途切れなく記述されているか。（強制連行まで）」、「15年戦争が侵略戦争として位置づけられる内容で明記されているか。とくに南京大虐殺について記述があるか。」、「戦争責任に対する補償の問題が政府の課題として今なお残されている事が記述されているか。」等々が記されています。

さらにこの視点に基づいて中学社会科の新しい教科書すべての記述をチェックし、採点と考察が加えられている。

教科書会社が自社の教科書を売ろうと思えば、このガイドラインに合わせるにこしたことはない。実際に中学の歴史教科書はこの基準にそった記述になっているものもあります。

西尾　同和研究団体がその歴史的状況——つまり国内差別の問題について訂正を求めたり、絶えず監視の目を注ぐことが必要であることは理解できます。差別をなくし公正な社会を実現することに関しては国民的なコンセンサスが成立しており、われわれの新しい歴史教科書でも水平社に始まるそうした運動については当然、記述していくつもりです。

しかし渡部さんがあげられた「視点」というのは、差別問題とは直接関係のない、行きすぎた左翼の歴史観です。ここまで口出しするのは越権行為です。やりすぎると、本来の差別解消の主旨をかえって損なうことになると思います。

渡部　しかし、悲観的になることはありません。われわれがいままでの教科書を悪くしてきたのは何であるかを示すだけでも相当の効果は期待できると私は信じています。

西尾　渡部さんの明るい性格には非常に勇気づけられます。

　これまで朝日新聞についてはずいぶん辛辣《しんらつ》に批判してきましたが、同じ朝日新聞社の雑誌『ＡＥＲＡ』ではこの八月十八日・二十五日合併増大号で、「苦悶《くもん》するドイツの教科書」という特集を掲載していましたが、これには感心しました。そこではドイツの歴史教科書を読み込んで、スターリン粛清や文化大革命でいかに多くの人々が虐殺されたかをきちんと記述してあることを評価し、また日本への原爆投下が米国の戦争犯罪であることについても詳しく論じていることを指摘しています。現実の歴史学会の動きに合わせてどんどん教科書記述は動いている。そのことをドイツはやっているのに、日本の教科書はやっていないと批判しています。

　これはわれわれ「新しい歴史教科書をつくる会」の考え方とむしろ近く、非常に柔軟なものなんですね。

　あの朝日新聞社のなかにもこうした動きが出てきているのを見ると、渡部さんのおっしゃるとおりだという気がしてきます。

渡部　いまから三〇年前、まだソ連が強大であったころですが、ハイエク氏が来日して講演を行いました。そのなかでいまでも鮮明に頭に残っているのは、「われわれは社会主義から学ぶものは何ひとつない。あるとすればただひとつ、彼らは飽きずにそれを説いてきたことだ」と（笑）。

われわれのやろうとしていることは社会主義みたいないい加減なものではないのですから、飽きずに説き続ければ、必ずしかるべきときに花開くはずです。

西尾　それを期待しましょう。

第7章

「朝日」「外務省」が曝け出した奴隷の精神

見え透いた朝日の「ご注進報道」

渡部　紆余《うよ》曲折があったものの、「新しい歴史教科書をつくる会」が主導した歴史教科書も検定にパスしそうですね。

西尾　朝日や外務省筋のさまざまな干渉があって、うるさくてたまりませんでした。

渡部　一九八六年には、『新編日本史』（高校用歴史教科書）の検定終了後に、朝日が「復古調」だと批判したために、中国と韓国が騒ぎだし、その外圧に屈した政府は、追加の修正をさせてしまったことがありますから、まだ油断は禁物です。ただ、今回は森政権もそれなりにしっかりしていたし、国民の意識も大きく変わってきました。変わっていなかったのは、朝日と外務省の無責任な〝反日体質〟だけでした。

西尾　検定結果は二月末に出る予定だったと聞いていました。すると、朝日はその一週間前の二月二十一日付け一面トップの見出しで、「中韓懸念の『つくる会』教科書」「政府『政治介入せず』」「個別の記述修正すれば合格の可能性」「中韓など反発必至」と報じました。中韓にさあ手を出してくれ、と干渉を誘ったのです。

渡部　これは『新編日本史』に対する露骨な批判キャンペーンと同じ手口です。何としてでも

「つくる会」主導の教科書を貶《おとし》め、中韓の反発を煽《あお》って、それをテコに「政治介入」をさせて不合格にさせようと企てたのでしょう。例の中韓に対する「ご注進、ご注進」の体質を余すところなく暴露しましたね。万が一合格しても、右翼的な軍国主義礼賛の教科書であるとの誤解を国民の間《あいだ》に広めることによって採択を妨害しようとする意図がミエミエであったというしかありません。

西尾　実際、この報道のために、最終検定の日取りは延期させられたようです。

渡部　二〇年近く前の一九八二年の教科書誤報事件（華北への侵略を進出に書き換えさせたと報道されたものの、実際はそんな教科書はなかった）によって生まれた、いわゆる「近隣諸国条項」（「近隣のアジア諸国との間の近現代史の歴史的事象の取り扱いに国際理解と国際協調の見地から必要な配慮がなされていること」）なるものによって、今回も朝日や外務省がクレームをつけ、中韓の「内政干渉」を招いたというしかない。朝日は「つくる会」が関与した教科書が展開している健全なナショナリズムの醸成が多くの国民に受け入れられかねないことに危惧《きぐ》の念を抱き、かなり焦ったのでしょう。

西尾　ただ、かつての鈴木善幸首相や宮澤喜一官房長官のだらしなさに比べれば、森首相や町村文部科学大臣の態度は筋が通っていて、立派でした。森首相は「検定の過程は私にも見る手段も方法もないものを、どうして外国が先に見るのか」と答弁し、来日した韓国の韓日議連会長で元首相の金鍾泌《キムジョンピル》氏に対しても、「日本の教科書は中国や韓国のような国定教科書ではなく、検定制度なのだ」として政治介入は行わないという見解を示しました。

渡部　見事な反論です。私は、教科書誤報事件のときに、「萬犬虚に吠えた教科書問題」（一九八二年十月号）を『諸君！』に執筆し、また誤報をもっとも撒《ま》き散らした朝日新聞に対しても「朝日新聞への公開質問14カ条」（一九八三年一月号）と題して厳しく問いただしましたが、ナシのつぶてでした。

西尾　あのとき、華北への日本の軍事行動を「侵略」から「進出」に変更させられた教科書など一冊もなかったという事実は朝日も認識していたわけで、内心忸怩《じくじ》たるものがあって、渡部さんの批判にまともな反論ができなかったのでしょう。

渡部　当時の産経新聞は潔く誤報を認め天下に向け謝罪しました。そうした「言質」を朝日に対してもとっておくべきでした。「武士の情け」で「生殺し」にしたのがいけなかった（笑）。ために往生際が悪く、その怨念《おんねん》から朝日は教科書を意のままに操ろうとして、『新編日本史』叩きや今回の教科書バッシングになっているのでしょう。しかし、そんな愚かなことをしたら、国民の多くは朝日を中韓の代弁者とみなすだけです。卑しむべき奴隷根性ですね。

というのも、今回は二月二十一日の朝日報道をきっかけに、中韓両国が突如として対日批判を展開するようになったわけですから、朝日が中韓の教科書批判を期待して大キャンペーンを張ったという図式は一目瞭然《いちもくりょうぜん》です。こんな見え透いた「ご注進報道」をやるとは、朝日はどうかしている。

西尾　朝日は取り返しのつかぬ失策をしたことにあとで気がつくのではないでしょうか。われわれの教科書は穏健保守で、正当派の叙述であり、オーソドックスとは何かを地で行っている見本です。世論が味方しますから、朝日はあわてて路線変更しなければならなくなるのではないでしょうか。

渡部　かつて、「萬犬虚に吠えた教科書問題」で、将棋ではいくら「王より飛車を可愛がり」といった程度のヘボ将棋であっても、結局は〝飛車を切って王を助けるもの〟だと指摘したことがあります。

ここでいう「王」とは「一国の教育」であり、「飛車」とは、「鈴木首相の訪中」であって、中国の機嫌を損ねないようにする「外交的なお付き合い（飛車）」を重視するばかりに、国家の根本である「教育（王）」を売り飛ばすとは、まさにヘボ将棋以下であると批判したのですが、今回も二〇年前とまったく同じ構図です。宮澤官房長官になりかわって河野外相をはじめとする外務省幹部や朝日、そして赤旗などは、飛車を可愛がり王様を殺そうとしたのです。

昨年（二〇〇〇年）の段階で、検定調査審議会委員で元インド大使の野田英二郎氏が、後藤田正晴氏や外務省の教科書問題担当課長らと協議して、「つくる会」主導の歴史教科書を不合格にさせようと多数派工作を行ったのは、その最たるものです。

中国の教科書こそ独善的！

西尾　「つくる会」に対する今回の朝日の攻撃は、あまりにも計画的謀略的でした。今年にかぎってみても、まずは元旦の社説で、われわれの教科書を名指しで、「意図的に中国や韓国との対立を作り出す狙いさえ感じとれる」として、「国家主義的」で「排外的な偏狭さを伴い、国を誤らせかねない危うさがある」と批判しています。

また、一月四日付社説では名指しはしていないものの、「偏狭なナショナリズムは、往々にして戦争を仲立ちにして語られる。その語り口は情熱的で勇猛で、華々しい。即物的であり、理解するのに想像力を必要としない」と同工異曲のことを述べたてています。これも「つくる会」への批判のつもりなのでしょう。

しかし、これはまったく事実とは逆です。偏狭なナショナリズムで書かれた教科書が検定を通るわけがない。「つくる会」主導の教科書は、従来、中国や韓国の圧力であまりに事実を無視した反日的な歴史認識をともあれ是正し、正常化する内容にしようとしただけです。

実際、産経新聞に古森義久氏（元中国総局長）が連載している中国の国定教科書のあまりにも酷い内容を朝日や外務省は知らないのでしょうか。

たとえば、つくり話である「百人斬《ぎ》り」を小学一年生に事実として教えたり、南京事件の犠牲者数にしても、誇張されている東京裁判の判決を水増しして針小棒大に教えたり、偽造文書でしかない「田中上奏文」をホンモノあつかいして教科書に掲載し、音楽や国語でも日本憎悪をかき立て、戦後の平和日本については一言も教えない……。つまり、中国の教科書問題があるってことです。

渡部　そういう中国の教科書こそ、まさに独善的であり、「意図的に日本との対立を作り出す狙いさえ感じとれる」「偏狭なナショナリズム」そのものじゃないですか。朝日はなぜ、こういう教科書を批判しないのでしょう。

西尾　朝日は、二月二十四日付社説「現場の声を排除するな」では、「つくる会」が教科書の採択権限は法的に教育委員会にあることを強調してきたのを批判する根拠として、「規制緩和計画に関する一九九七年三月の決定」を持ち出し、この決定は、「教科書採択について、より多くの教員の意向を調査研究に反映させる、将来は学校単位の採択を検討する、ことなどが盛り込まれている」という提言を取り上げています。

しかし、この一九九七年の規制緩和計画をここにもち出すのは筋違いです。というのも、平成二年（一九九〇年）の文部省初中局長通知では、教職員の投票によって採択教科書が決定されるような「学校票方式」をとりやめるように、また、民主的に選ばれた知事や市町村長が議会の同意を得て指名する教育委員によって採択されるようにという採択手続きの適正化を求める指示を行っています。

これは昭和三十一年に制定されている「地方教育行政の組織及び運営に関する法律（地教行法）」や「教科書発行法」でも明確に規定されています。

渡部　昨年（二〇〇〇年）の七月、森首相は所信表明演説の際に教育改革の重要課題として「教育委員会の在り方」をあげていますね。

西尾　ええ、そうです。これを受けて、八月の参議院予算委員会でも中川官房長官（当時）が、森首相のいう「教育委員会の在り方」というのは適切な教科書採択を求めることを意味していると答弁しています。

さらに大島文相（当時）が、教科書採択に関し、学校票方式を批判し、「教科書選定については、毅然《きぜん》として教育委員会の判断で行うことが当然であろうと思いますし、間違っても、組合の意見によってとか、そういうことがあってはならない」とする明確な見解を示しておられます。

そこで、文部省は昨年九月十三日に大島文相の指導のもとに、全国各県と政令指定都市の教育長と教育委員長を一堂に集め、採択地区ごとの各市町村の教育委員会において、教科書の調査研究を十分に行い、各教育委員会の採択権者としての責任が明確になるようにするなど、採択手続きの適正化を指導しているのです。

ちなみに「調査研究」というのは、単に教科書の図版が綺麗《きれい》であるとか、字が大きくて読みやすいとかいった次元ではなく、「わが国の歴史に対する愛情を深め、国民としての自覚を育てる」という学習指導要領の主旨に忠実かどうかなのです。学習指導要領を基準に教科書を選ぶようにという指導なのです。つまり、図版が綺麗かどうかの形式ではぐらかされてきていた基準を、きちんと内容を基準にするように改めるようにという通達だったわけです。

さらに、これを受けて、東京都および都教育委員会はその見解を徹底させるべく、今年の二月になって各区市町村教育委員会に対して、現場教員以外の保護者などの意見も入れるようにし、教師が独占的に採択に動いてはならない、新学習指導要領を踏まえて教科書の内容を吟味し、教育委員が採択を行うよう求める通知をあらためて出しています。

渡部　こうした現実の動きを無視するかのごとく、共産党や日教組の立場を代弁しているのが、先の朝日の社説ですね。

西尾　そうなのです。彼らが、唯一の根拠にしている先述の「規制緩和計画に関する一九九七年三月の決定」なるものは、総務庁が、教科書採択にもちょっと口出しし、地域で共同採択するのではなくて、将来は学校単位で選べるようにしたらいいではないかという程度の教育の現場を知らない軽い提案であって、規制力は何もない。

教科書の現状を何も知らない総務庁の思いつきでした。小中学校の場合は人材不足で、学校単位では、全社の教科書への行き届いた調査研究を踏まえた採択なんてできっこないのです。法律で定められているのは、あくまで教育委員会による地域の共同採択方式です。

教育委員会を尊重するのは、民主主義には常に市民社会の成熟した良識派の判断が必要だからという民主主義のルールに基づくのであり、専門職である教師の「独断」をチェックする機能が期待されています。

朝日社説が教科書採択を教師主導でやるべきだとして、教育委員会の採択権限を無視しようとするのは、ミエミエの露骨さで、日教組の利益を守ろうとしているのであって、詭弁《きべん》で法を捩《ね》じ曲げるのたぐいです。

このあたりの朝日の論法は、出版労連の教科書対策部の事務局のメンバーたちの入れ知恵もあるのではないかと思います。彼らは韓国などに出かけては、「つくる会」主導の教科書を誹《ひ》謗《ぼう》中傷して歩いていましたからね。

大東亜戦争は侵略戦争なのか

渡部　まさに、そういう人たちがご注進屋の「理論的支柱」でしょうな。報道によると、「つくる会」主導の教科書が、大東亜戦争という用語を使って侵略戦争とみなしていない、韓国併合を合法的であったと見ているのはケシカランなどと批判されていますが、マッカーサーがアメリカに帰ってから大東亜戦争自体を侵略戦争ではないと明言している事実を、朝日や中韓などは知らないのでしょうか。そもそも、日本が侵略国家だと決めつけられたのは、国際法を無視したマッカーサー司令部の主導によって開廷された「東京裁判」であったことは言うまでもありませんが、のちに彼は、その見方を否定しています。

というのも、マッカーサーは、朝鮮戦争の最中にトルーマン大統領に解任（一九五一年四月）されて帰国し、米上院の軍事外交合同委員会の聴聞会で演説をしたのですが、そのなかで、〈開戦前の日本には近代国家として必要な物資は蚕《かいこ》以外何もなく、石油などの重要物資はすべて東南アジアに依存していたが、われわれは囲い込んでその物資を日本に売らせないように画策した。そうした状態に日本を追い込んだ以上、日本が自衛のために戦争をするのは仕方がなかった〉という主旨のスピーチをしているからです（講談社学術文庫の小堀桂一郎氏編の『東京

裁判　日本の弁明』五六三頁、英語原文参照)。つまり、侵略戦争ではなかったと、当のマッカーサーも認めていたのです。

当時、石油やゴムなどの資源をもちアウタルキー(自己完結的経済圏)を確立している国は、アメリカ、ソ連、イギリス、フランス、オランダだけだった。日本やドイツやイタリアは植民地も少なくアウタルキーを確立していなかった。アメリカは輸入品に高関税をかけるだけでなく、最終的には石油などの資源を輸出禁止にしていった。オランダ領のインドネシアの石油の対日輸出もストップさせた。そういう状況に追い込まれたからこそ、日米開戦も覚悟する羽目になったわけです。開戦の理由があり、道理もあり、必然的に自衛のための戦争をしてしまったわけです。

西尾　ようするに、〝侵略国家日本を倒した平和の味方英米の正義と勝利〟の史観にいつまでもしがみつく朝日などは、朝鮮戦争が起こる前の占領軍のあまりに一方的な、あまりに誤った日本観に基づいた古い、古い歴史認識で「つくる会」主導の教科書を批判していることになるわけですね。

渡部　そうですよ。朝日のご注進にのっとって文句を言っている韓国にしても、大東亜戦争中は日本と一緒に戦ったわけで、日本軍に志願する人が多かったのは否定できない事実です。また日韓併合条約にしても、基本的には両国の合意に基づくものであって、英米ロシアも当時は互いに相手が朝鮮半島で影響力を拡大するのを牽制《けんせい》しあっていたので、日本による併合を支持し異議を唱えなかった。だから、日本の教科書が、「当時としては、国際関係の原則にのっとり、合法的に行われた」と書いても何の問題もありません。それもまた「歴史の真実」の一面だからです。

また、中国にしても、シナ事変の発端となった盧溝橋事件はシナ軍の発砲によって始まったわけで、開戦責任は日本にはないという事実を認識すべきです。「東京裁判」でも、盧溝橋事件の関係者を市ヶ谷（法廷）に呼んで調べたところ、シナのほうから始めたことが歴然としたためにその証言をとろうとしなかった。「本《もと》立ちて道生ず」と『論語』にもありますが、戦後の日本は、本を立てないままで過ごしているために、いつまでも変なところをつつかれている。

少なくとも、歴史的事実として、「当初、占領軍は日本を侵略国家として裁いたが、マッカーサーはのちにその処置の過ちに気づいた」と書く教科書が欲しいですな（笑）。

西尾　高校の歴史教科書なら分量的にも余裕があるので、渡部さんのご指摘の数々は考慮すべきでしょうね。ただ、「つくる会」主導の中学教科書に関しては、時期が時期なだけに内容の細目に関しては私からはまだ発言できないのですが、一部報道にもあったように、従来の唯物史観の教科書の記述とはガラリと違っておりまして、渡部さんに一〇〇％納得していただくのは無理でしょうが、しかし、相当程度に満足していただける内容になっていることは、ご報告しておきたい（笑）。

渡部　楽しみにしております（笑）。

西尾　ちなみに、われわれの教科書は一三〇余カ所の検定修正に応じました。昔、家永三郎の教科書が修正を拒否し、裁判に訴えたのと比べ、なんて節操のない弱腰かとあざ笑う投書が朝日にありましたので、序《つい》でですからお答えしておきます。

第一に私たちの教科書運動はひとつの歴史観、ひとつのイデオロギーを実現することにあるのではなく、日本の歴史教科書が全体として改善されることに目的を置いています。もし私たちの影響で他の教科書が良くなるのなら、それも目的達成のひとつになります。現に今度、他の会社から従軍慰安婦の記述が消えたと言います。これはすでに私たちの成果のひとつです。教科書界そのものの自粛と自己浄化に役立つことが目的です。私たち自身の教科書は自分のひとつのイデオロギーにこだわる家永教科書とは異なり、現実を変えることが目的ですから、世に出ることが大切で、半歩前進でもいい、ともかく前進することが肝心なのです。

渡部　それに、もし検定を拒否してしまったら中韓の思う壺でしょう？

西尾　そうなのです。申し上げたかった第二点はそのことです。この教科書を自らの手で撤退させれば、中国、韓国を勢いづけるだけであり、そして永久に、日本人自らの手で、もはや教科書がつくれなくなってしまうと思います。ずっとそのことが心のなかにありました。大げさに悲壮ぶるつもりはありませんが、日本はいま最後の崖《がけ》っ縁に立っています。

第三に、一三〇余カ所もの修正は多すぎると思われるかもしれませんが、普通、新規参入の教科書にこれくらい修正要求があるのは当然です。いままで出版していた教科書の手直し本の提出なら話は別ですが。

一三〇余カ所のうち大部分は、詳しすぎるからもっと簡単にせよとか、子どもの発達段階からみて少しむずかしいので削るように、という技術的な内容のものが多く、間違いを指摘されているものではありません。修正要求が近現代史に傾いているのは、ご承知の政治情勢を反映しているわけで、その内容は歴史事実の適否を学問的に論議した結果であるとはかぎりません。私たちは政治的に押し切られたのであって、学問的に敗北したのではありません。ですから、部分的に修正を受け入れたとしても、歴史の流れのとらえ方、叙述の仕方、その骨組みはそっくり残っています。いままでの教科書の「抑圧」と「解放」から歴史は成り立つという階級闘争史観で書かれた歴史の述べ方とはガラリと変わっていることは、一読していただけばすぐわかります。小さな部分の修正ではなく、大きな全体の流れが何より大切なのです。

今回修正されて、満足のいかなかった部分は四年後の検定で実現していくように努力していきたいと思います。

真実は反復に耐える

西尾　ところで、「世界史のなかにおける日本」の位置がいま大きな曲がり角にきていると思うんです。世界を見ると、一九八九年に「ベルリンの壁」が崩れ、一九九一年にはソ連邦が崩壊した。

そうした共産主義の衰退を見て、中国は共産主義を唯一の国家精神の拠り所にすることに困難を感じ始めた。共産主義のかわりに、民族主義的愛国主義を奮い立たすことによって、自己正当化を企て始めたと私は見ています。建国のころには共産主義や毛沢東の魅力もあったかもしれませんが、文革の大失敗や天安門事件もあって、共産主義への魅力は国内的にも大きく減退した。で、中国共産党は何を拠り所にしたらよいか。反米、反露でも国民の意思は統一できない。唯一、国民感情に訴えることができるのが、抗日戦争の勝利であり、したがって「反日」である。教科書誤報事件は、その事実を中国側に認識させるのに役立った。おそらく一九八〇年代半ばには反日路線を今後の方針とすることが中国共産党内で確定したのではないか。

そして、その後、藤尾文相罷免事件（一九八六年）、永野法相辞任事件（一九九四年・南京大虐殺否定発言）、桜井環境庁長官辞任事件（一九九四年・太平洋戦争に侵略の意図はなかった）、江藤総務庁長官辞任事件（一九九五年・日韓併合は合法云々）などが頻繁に起こってくる。江藤事件などは日本人記者へのオフレコ発言が、「ご注進」によって韓国に伝わり大問題になった一件でした。あの事件で日本人ははじめて外国から脅迫されていると感じ始めたはずです。

渡部　なし崩し的に妥協し、腰抜けになると中国などは嵩《かさ》にかかってくる。政府の姿勢は後退する一方で、それがついに九五年八月十五日の、日本だけが悪いという自虐的な村山首相談話（「植民地支配と侵略によって、多くの国々、とりわけアジア諸国の人々に対して多大の損害と苦痛を与えました」）を誘発することになったわけです。

どうも、中国や韓国両政府の関係者たちには、自制心というものがないのではないか。普通の国家同士の交渉ごとは、相手が引けば、こっちも引くというお互いさまですが、中韓両政府は、相手が弱みを見せようものなら次々につけ込んでくる。金美齢さんによると「中国人は日本のことを〝柔らかな土〟」と言っているそうです。手で掻《か》き取れば、いくらでも取れる、ということです（笑）。

だから、そうした中韓からの抗議にすぐに屈するという悪い前例を、教科書誤報事件に引き続き、藤尾事件のときにも中曽根首相がつくったのがいけなかった。

西尾　中曽根さんというより、官房長官だった後藤田さんじゃないですか。

渡部　そうですが、しかし、中曽根さんが森さんのように抗議に対して泰然としていればよかったんですよ。それに、中曽根さんは、一九八五年にせっかく靖国神社を公式参拝したのに、一九八六年以降、参拝をやめてしまった。これも中国につけこむ隙を与えてしまった。一回ぐらつくとだめですね。

西尾　ただ、一九九五年の江藤総務庁長官辞任事件のときには、オフレコ発言を海外にご注進した新聞記者がいたこともあって、少なからぬ日本国民の拒絶反応があった。幸い、それ以降、政治家の辞任・更迭事件も起こっていない。森首相の「神の国」発言や石原都知事の「第三国人」発言に対しても、世論は朝日新聞が期待するような反応を示さなかった。何でもかんでも外国の言いなりに、これ以上なっていては大変だということに、国民はだんだん気がついた。そういう時期に「つくる会」主導の教科書への外圧問題が起こってきているわけです。

渡部　もし、ここで日本政府が、中韓や朝日の言いなりになって妥協して、すでに検定の作業をほぼ終えている教科書の内容に介入して、『新編日本史』のときのような修正を追加するようなことがあったら、この国はガタガタになってしまいかねない。

そもそも、一九八二年の教科書誤報事件の前に、中韓が教科書の記述に口出しをしてきた事実は皆無であることを以前、外務省の元高官から聞いたことがあります。結局、あの新聞報道による誤報がすべての始まりだった。

西尾　三月十二日の国会答弁で、町村文科相がはじめて正式に、八二年のマスコミの教科書報道を誤報であったと公表しましたが、森首相も近隣諸国条項に関しても、「あくまでも国内のルールであり、決して条約ではない」という主旨の発言をしています。

渡部 心強い立派な発言です。

西尾 万が一、この条項が条約的に拘束されるものであるとすれば、相互主義として、付帯条件をつけて、中韓の国定教科書に関しても、日本との友好の視点から適切な内容なのかどうか、日本側からクレームがつけられるようにすればまだいいと思う。

渡部 たしかに、中韓が日本の教科書を「検定」するなら、日本も向こうの教科書を「検定」すべきです。外務省の局長は中韓の教科書に対する抗議は「内政干渉ではない」と言っている。それならこっちも中韓の教科書の嘘や誇張に抗議したらよい。

西尾 日本では、すでに、どんな教科書でも、「三・一暴動」は「独立運動」に、「日本語教育」は「日本語強制」、「創氏改名推進」は「創氏改名強要」、「徴用」は「強制連行」にしなくてはいけないほど、「近隣条項」の精神から用語の統一化は推進されている。でも、アメリカの「独立戦争」は、英国にとっては反乱軍による逆賊の戦争であって、呼称が国によって異なるのは当たり前です。

渡部 しかも、徴用は「徴用令」という法律に基づく名称でしょう。「創氏改名」にしても、台湾でも希望する人がいたし、韓国でも、かつての宗主国にあたる満州やシナに移住していた人は、シナ人相手に日本人名を勝手に名乗ったりしていたぐらいでした。だからそれを追認する形で、正式に申請して許可があれば日本人名にしてもいいというのが「創氏改名」の始まりだった。

強制ではなかった証拠に、洪思翊《こうしよく》中将のように韓国名のままで日本軍の中将になった韓国人もいた。そういった歴史的事実を無視して、言葉の言い換えで誤魔化すのはおかしい。そもそも戦前の出来事をリアルタイムで十二分に体験していた人々によって妥協して締結された日韓基本条約（一九六五年）の交渉時に創氏改名などは話題になっていない。

にもかかわらず、昨今、知識が十分でない人たちが、あれこれ言われては右往左往しているのは見苦しい限りです。

日本としては、「真実は反復に耐える」という方針で、倦《う》むことなく歴史の真実を繰り返し中韓に対して説いていくべきだと思います。

西尾　大陸政府の意向が朝鮮半島の南にまでおよんで、中韓が共同して対日攻勢を強めている様子を見ると、十九世紀末ごろの状況に似ているとさえ言えるかもしれません。いくら日本側が理性的に述べようとも、言葉が通じない。

聞いた話によると、中韓の国定教科書と日本の検定教科書とでは教科書制度そのものが違うことを、両国の関係者は百も承知しているそうです。しかし、そんなことはお構いなしです。

日本が別の国だということも彼らの念頭にない。なんでもわがままに、ガーガー言い立てずにいられない。本当に言葉が通じなくなっているのです。

渡部　いまは自由貿易の時代です。アウタルキー云々の必要もなく、日本が朝鮮半島や大陸に武力で進出するわけもない。昔のような戦争を日本側から起こすなどと中韓が危惧する根拠はまったくない。しかし、中韓に日本への敵意がみなぎっていることはわれわれ日本人も自覚しておくべきでしょう。こちらから一方的に友好友好と言う必要はない。

そもそも、中韓の国定教科書（歴史）を全訳して日本人に見せたらいい。古森さんは中国の教科書を紹介していますが、韓国も五十歩百歩ですよ。こんな教科書で国民に反日教育を吹き込んでいる国と、われわれが仲良くやっていけるかとっくりと日本人に考えてもらおうじゃないですか。一部報道でも明らかなように、「つくる会」主導の教科書は、中韓の教科書のように歴史的事実を捩じ曲げてはいけない。捩じ曲げているのは中韓の教科書のほうでしょう。

外務省は「中国外務省」

西尾　三月七日に自民党有志の会が、外務省の槇田邦彦外務省アジア大洋州局長と会談をしています。平沢勝栄代議士が中韓の介入は内政干渉ではないかと詰め寄ると、彼は「国際法に着目すれば、あらがうことのできないような強制的な命令であれば内政干渉に当たるが、現段階では内政干渉と判断するには無理がある」と抗弁しているんです。すると高市早苗代議士が、「外務省が内政干渉ではないとする根拠となる国際法は何か」と聞くと、「条約上の明文があるわけではないが、一般的にはそういう概念として理解されている」と誤魔化しています。

他にもいろいろと追及されているのだけれども、平沢氏に「外務省はまるで中国外務省のようだといわれている」とまで叩かれ、さすがに槇田氏は「私は日本人だ。愛国心もあり、中国外務省といわれるのは侮辱だ」と反論しています。また「中韓の外圧が内政干渉に当たらないなら、軍事力の行使以外は何でもありとなる。内政干渉でないとする外務省の見解は通説なのか」という質問には「通説だ。外務省の先輩たちが述べてきたことに基づいている」とむきになって答えるだけです。

そんなやりとりの他に、森岡正宏代議士が、「中国の算数の教科書は、日本兵が中国の村人を殺した数で足し算を教えている」と批判したところ、槇田氏は「私も反日教育がいいとはまったく思っていない。中韓の教科書については、いろいろな場で問題提起はしている。しかし、中韓にはまだ日本が昭和二十年以前に行った行為が痛みとして残っていることを理解してほしい」と語っている。

渡部　算数の足し算の教科書にまで反日的な視点を出している中国の教科書こそ、偏狭なナシヨナリズムであって言語道断ですが、「昭和二十年以前に行った行為」を侵略戦争だとして批判するのは、左翼だけではなく保守的な言論人のなかにも皆無というわけではない。彼らの多くは、元左翼であったし、また物心ついた時代が戦前のころですから、当時の日本の大陸政策に違和感を抱いていたという事情もあるでしょう。

しかし、先述したように、シナ事変にしても、日本側の侵略によって始まったわけではない。一方的に謝る必要は日本にはない。アメリカは原爆投下を決して謝罪しませんが、それだって、パールハーバーを奇襲したのは日本のほうだろうという認識があるからです。日本だって同じ論理で構える必要がある。

満州事変にしても、満州人の皇帝溥儀が清朝の帝位から追われ命からがら、自分の家庭教師であった英国人のジョンストンとともに日本公使館に逃げてきて、彼が満州国を再建したいという希望をかなえてあげたことがきっかけです。満州族の皇帝の正規の末裔《まつえい》が自分の郷里（満州）に帰ってきて皇帝になりたいというのを日本が利用して助けたわけです。その担ぎ上げるプロセスに関して、日本の国内政治の手続き上不適切なことがあったと日本人が批判するのはわかりますが、外国人にそれを侵略だと批判される筋合いはないことは確認しておくべきです。

その証拠に、溥儀と脱出したあと、英国に戻ったジョンストンの著した『紫禁城の黄昏』には、溥儀は満州に戻って心から皇帝になれたことを感謝していた事実が記されています。だから、東京裁判のときに、日本側が証拠物件としてこの本を提出したのですが、これを採用すると日本の満州侵略を証明できなくなることを恐れて却下されてしまった。しかし、誰が見ても、これは一級資料ですよ。

不思議なことに、この本は戦前、版を重ねてかなり売れたにもかかわらず、戦後は、ほとんど入手困難な本になってしまった。

西尾　図書館にもないの？

渡部　古本市場に出回らない。イギリスやアメリカでは三〇年間探しても一冊も出てこない。私は神田で一冊、インターネットでオーストラリアの古本屋でやっと一冊見つけたんです。ただ、最近アメリカで復刻版が出ました。

西尾　翻訳はされていないわけですか。

渡部　いや、映画「ラストエンペラー」がつくられたとき、岩波文庫から翻訳が出たんですが、意図的にでしょうが、日本に有利な一章から十章全部と、満州国に貢献した人名が出てくるところを虫が喰ったようにカットした非良心的な版でしかなかったんです。だから、私の知人がいま完訳しようと作業しているところです。この本を日本人が読めば、明らかに満州国の成立は合法であったことが理解できるようになると思います。

「日本の論理」を主張せよ

西尾　満州事変や盧溝橋事件に関して、日本側にも主張すべき点があるということは渡部さんのお話でもよくわかりますが、それはともかくとしても、先の槇田局長が「中韓にはまだ日本が昭和二十年以前に行った行為が痛みとして残っていることを理解してほしい」というならば、いったいいつまで日本人はそのことを理解し続ける必要があるのか。外務省的な理屈だと未来永劫《えいごう》そうしなくてはいけないことになりかねないが、日本側が受けた「痛み」はどうなるのか、という別の疑問が出てくる。

過去の歴史において、ふたつの国が関与した戦争で、敗北した側が自分たちの側の正当な自己主張をいっさい奪われて、自分たちの正義の観念をいわば地下に押し込め沈黙させられることはよくあることです。戦勝国が自分の正義を敗者に押しつけるのも古今東西の常だった。ただ、その場合、沈黙させられた側の正義もまた正義なので、少なくとも客観的な正当性があるかぎり、歴史の回復として公の道に戻す努力を冷静にしておかないと、あとで災いの元になりかねない。日本の立場論理をいっさい容認しないで、「我こそが正義なり」という独善的な態度で、日本はみんな悪者だった、悪魔だったと決めつける中韓の態度に対して、彼らの

「痛み」を考えて同情せよと言い、他方日本人の「痛み」には何の配慮もしない外務省局長のコメントは、日本人の心を傷つける無礼千万な議論です。

渡部　同様に、「つくる会」主導の教科書が、過去の日本が関与した戦争の意義について、一定程度の評価を下しているからといって、それは、将来において日本が「戦争ができる国」を目指すことにつながるなどと中韓や朝日をはじめとする進歩派が批判するのは悪質なプロパガンダでしかない。

西尾　そのプロパガンダに迎合していては、日本が主権国家としての自国の価値観をきちんと打ち出し、「戦後の克服」を行い、自己を確立した普通の国家になることは不可能になるわけです。

渡部　最近、高校生を対象にした講演会に出かけたんです。冒頭、「二十世紀初頭に日本という国家が世界になかったら、世界はいまどうなっていたか考えたことがありますか」と喋《しゃべ》ったら、がやがやしていた生徒たちがしーんと静まった。

「もし、日本という国家がなければ、当時すでに満州はロシアが占領していたし、一〇〇％の確率で朝鮮半島はロシア領になり、九割の確率で黄河以北のシナ大陸もロシア領になっていたでしょう。揚子江以北も八割の確率でロシア領です」と。

西尾　以南はイギリス領でしょう（笑）。

渡部　「広東あたりはフランス領、山東半島はドイツ領となり、有色人種による独立国家は世界になくなり、コロンブス以来着々と白人が打ち立ててきた世界アパルトヘイトが確立し、白人がご主人さま、有色人種は奴隷扱いということになっていたでしょう……」と話していくと、成人式とは大違いで静聴してくれた。質疑応答でもしっかりした質問が出ていました。

西尾　「つくる会」のシンポジウムにも若い人がたくさん来ますが、この前テレビを見ていたら、大リーグに行って成功している元オリックスの長谷川投手の部屋の書棚に『国民の歴史』があるんです。彼が、本を手にして〝自分はあまりこういった分野には関心がなかったけど、アメリカにきたら、日本のことをちゃんと知っておいて、ときには反論しなくちゃいけないと思うようになったのでこの本を読んだ〟と語っていました。

渡部　そうです。相手の言い分に耳を傾けつつも、日本人はやはり「日本の論理」をもたなくてはいけない。中條高徳《たかのり》氏（アサヒビール名誉顧問）の『孫娘からの質問状〈おじいちゃん戦争のことを教えて〉』も、ベストセラーになりましたが、これも孫娘がアメリカの高校に通い第二次大戦の授業で日本の戦争行為について質問されたのがきっかけで生まれた本ですが、ちゃんと「日本の論理」を主張していました。

高校英語の教科書にユダヤ人を救った杉原千畝《ちうね》の美談が出てくるのがありますが、テストをするとその章の平均点数が他の章よりも高いという。日本人だって、やはり悪辣《あくらつ》な日本の話ばかりではなく、いい話を読みたいものなんです。そのことが、「自虐史観」に毒されている政府や外務省や朝日にはわかっていない。

それにしても、朝日と産経の教科書論争を通じて、大新聞の論調の違いが国民の前に明確になった意義は大きかったというべきですね。

西尾　産経は孤軍奮闘していましたが、読売新聞の三月二日付社説「日本は思想の多様性許容の国だ」は、よかったですね。やっと出してくれたと援軍到来を祝いました。

「中国では、共産党独裁の下、歴史認識といえば国家・党公認の歴史観一種類しか存在せず、その歴史観に対する批判、言論の自由も許されない。当然、教科書は『国定』しか存在しない。そんな中国の国定歴史認識に合わないからといって、日本の特定教科書を不合格にせよと求めるというのは、日本国憲法の基本的価値観である思想・信条・言論・出版の自由への干渉に等しい」「中韓両国は、こうした特定マスコミの報道に便乗して対日外交カードとするようなことがあってはなるまい」「中国が、このような干渉的姿勢を続けるなら、かえって日中関係を損なうことになるだろう」と、同社説は、明快に述べています。

これが「日本の論理」であって、朝日は中韓の肩を感情的にもつという旧来の路線を修正しないと、早晩恥をかき、あとで軌道修正をしなければならないというみっともない仕儀に立ち至るでしょう。

「共通の歴史認識」はどこにもない

渡部　朝日がかねがね支持してきた世界観は「社会主義」だった。この流れは「国際社会主義」（レーニン）と「国家社会主義」（ムッソリーニ）のふたつがあった。しかし、レーニンを継いだスターリンにしても、ムッソリーニや毛沢東にしても結局は愛国心がいちばん大事であって、祖国のためなら国際的な連帯など後回しにして世界大戦でも、民族や国家の利益を第一として行動した。朝日は「国際社会主義」があって、「共通の歴史認識」みたいなものがあると戦後ずっと夢想し続けてきたんでしょうが、そんなものはどこにもない。

西尾　朝日は中韓の外圧を利用して、日本の特定の教科書を不合格にでもさせれば、何かいいことが起こるとでも思っているんでしょうか。

彼らには本当はそこを訊きたい。何が狙いなのか、どうもよくわからない。戦前のような右翼・軍国主義勢力がのさばるのを防ぎたいという言い古された警戒がおそらく唯一の言い分でしょう。

しかし、それならどこにそんな右翼・軍国主義勢力があるのかをうかがいたい。繰り返しますが、「つくる会」主導の教科書が、過去の歴史における日本の過去の行為を良識の許す一定範囲で評価するからといって、それは歴史を正道に戻すことであって、それを戦争勢力に加担することと同一になると決めこんでいるのは、悪質なプロパガンダであって、知的行為ではない。

渡部　同感ですね。中韓、とりわけ中国は、日本の過去を犯罪視することによって日本が中国に対して位負けするように誘導し、日本を政治的に自由に操れるようにしたいと思っているからこそ、日本側に生じた隙を攻撃してくるわけです。この状況を改善し、理性的な討議ができる環境を日中間につくらなくてはいけない。政府は教科書問題では一歩も引かず、内政干渉を看過してはいけないと思います。

そのためにも、「英語第二公用語論」は無意味ですが、これからは日本の国益を代表するような国家公務員（とりわけ外交官）だけは、国際舞台で「日本の論理」をきちんと外国語で喋れる人がいたほうがいい。たとえば、キャリアの国家公務員の受験資格には英語圏の大学で修士を獲得していることといった条件を付けるといいし、英文試験には、東京裁判の不当性を指摘した『パール判決書』を問題として出題し、日本の近代化の言い分を客観的に主張できるかどうかを見極めるといい。そのほうが国益にかなっています。

西尾　そのとおりですね。ちなみに、「つくる会」主導の教科書にはちゃんとパール判事のことも書いていますよ（笑）。

第8章

人権擁護法が日本を滅ぼす

人権擁護法の何が問題か

渡部　西尾さんは本当にもっとも活動力のある憂国の士といいましょうかね、最近も『民族への責任』（徳間書店）をお出しになりました。われわれがいちばん心配している皇室の問題をはじめとして、領土の問題、企業買収の問題、歴史教科書の問題と、いずれも本当に日本人が心配しなきゃならないことを的確にえぐり出していらっしゃるわけですが、最近、産経で西尾さんが人権擁護法の問題について書いておられる（コラム「正論」二〇〇五年三月十一日）。この心配な法律については広く日本の人々に知ってもらいたいなと思いまして、そのへんからお話しいただけますでしょうか。

西尾　私は法律のことはまったく素人で知らないんですが、インターネットで人が書いているのを読んで、これはエライことになったと。

この法律がいったいどんな法律で、何でとんでもないかということは、いっぱいあるんですけれども、各県に人権委員会というのがつくられて、人権擁護委員というのが選出され、しかもそれが約二万人にものぼるというのです。ようするにゲシュタポ（ナチス・ドイツの秘密国家警察）みたいなものが全国にできる。

渡部　人権擁護委員は誰が任命するんですか。
西尾　人権擁護委員は人権擁護委員が任命するんですよ（笑）。つまり、資格というものはないんですよ。たとえば法律の勉強をして試験を受けて、そういうのは何もないわけです。人権に日ごろ携わっている良心のある人というぐらいの規定しかないわけで、したがって、それはおそらくですね……。
渡部　人権運動をやっている人はみんな……。
西尾　みな、入るわけですからね。やれ、バウネットなど女性解放運動とか部落解放同盟とか北朝鮮、朝鮮総連とか、そういう勢力です。だいたい人権を言っている人たちが非政治的で中立の立場をとるはずがないので。
渡部　ぜったいない。
西尾　そして、いちばんいけないのはその人たちに糾弾権を与えるということです。たとえば誰かが差別的なことを発言したというだけで、あるいはそういう文章を書いたというだけで、出頭要求ができる。自宅に立ち入り検査ができる。令状なしでです。それから、その文章、その他の物件の提出要求ができると。
　一例を考えてみますと、北朝鮮の拉致《らち》問題が行き詰まっているからこれは何とかしなきゃならないといって声をあげ運動を起こそうとします。それを「けしからん」といって人権擁護委員が騒ぎ出すと、そういうことで会議を開いたり、それから大きなムーブメントをやろうとする人たちが逮捕されてしまうという。

渡部　私が大学で教えていたころ、夏休みをはさんで六カ月以上糾弾されて、毎時間糾弾団体が教室に来ました。ひとつは部落解放同盟系の研究会、それからもうひとつは、それと関連のあるらしい身体障碍者の団体でした。これが毎時間来て、糾弾するんですよ。それで自分たちは正義だと信じて疑わない。ただ、私は謝らなければならないこともないし、最後まで一度も言ったことを訂正しないし、謝りもしないうちに向こうのほうがしびれを切らしたか、あきれたか来なくなっただけの話です。

ところが、そういう糾弾を受けた方で謝った方もいらっしゃる。謝った機関もある。ひどい目にあっているんですよ。だから、私は「人権」という言葉はいいけれど、その人権擁護団体というのは「特権主張団体」であって、人の人権は、普通の人の人権は踏みにじってもいいという団体であると、これは体験上はっきり言えますね。

西尾　渡部さんを、そのときはまだ法律が守っていたと思うんですよ、あの日本の憲法が。渡部さんは自分が正しいと言って、人権擁護団体がいくら糾弾しても言うことをきかないと。「ＮＯ」と言うことができた。

ただ人権擁護法が通れば、その人たちは渡部さんの身柄を云々したり、持っている書類を調べたり、それから罰金を課したりすることができるようになる。そういう法的特権を与えるというんです。

渡部　当時彼らもしきりに私を自分たちの集会に出てこいという要求をしました。

西尾　今度は法的にそれが……ということですから大変なことですよ。

渡部　恐いですよ。もう無法国家です。極端な例をあげれば、戦後、部落解放運動の先端的な人たちだと思いますが、その人たちがやると警察も手が出なかった時代があった。だから、ものすごい恐怖感があって、それがいまでも続いていると思うんですが、合法化されたら、戦後、いちばん関西で部落解放運動が恐かった時代が全日本をおおうことになる。さらに北朝鮮系だとか何かみんなきたら、普通の日本人の人権なんかどこかに飛んじゃって、もう特権団体の跳梁《ちょうりょう》する無法国家になりますね。

冤罪でも裁かれない人権擁護委員

西尾　もう少し付け加えますと、ひとつ恐ろしい要素としては、この人権擁委員会というのは「第三の権力」であるということです。つまり三権分立の外に立つ独立機関、あくまで独立性の高い三条委員会として位置づけられていて、内閣府の法務省の外に置かれて、ようするにそれに対していかなる、抑制する、監視、行動する機関も存在しない、人権委員会は完全にどこまでも独立していると。

では反対にこの人権委員会を渡部さんが冤罪《えんざい》で訴えると、名誉棄損の回復はどうするかといったら、それは別途裁判を起こさなければいけない。じゃ、別途裁判を起こしたら、人権委員会は「冤罪でした。ごめんなさい」と言うのかといったら、それはありませんと（笑）。

渡部　（笑）メチャクチャですよ。

西尾　メチャクチャなんですよ。それで、たとえば、捜査令状なしでも強制できるということに、いままでなっていましたし、それからその人権擁護委員には、さっきも言ったように特別な資格が必要ない。さらに、皇室の人でも差別したといって調査されるのかという疑問も起こりますし、それから捜査令状なしで、どこでも入れるわけですから、皇居とか首相官邸とか、国会とか防衛庁とかにどんどん入れるのかという質問をすると、少なくともいままでの法律ではないわけではないと。有りうると。こういう、何か超法規的特権地位をもつという。

渡部　人身保護法がイギリスにできる、数百年前の状況に戻ることに……。

西尾　それをどうして日本の法制局がこれを認めて、こんなものが突然出てきたかと。そうするとですね、いま、いわゆる国籍条項がございませんから、人権擁護委員には外国人でもなれるという話になりますと、そこに外国の工作員が送り込まれますよ。

渡部　そうですよ。いまだっていっぱいゴロゴロしているんだから。

西尾　二三条にはその市町村長の推薦を経ることなくして人権擁護委員を委嘱することができると書いてありまして、先にも述べたように人権擁護委員は民主的な手続きによって選任されるわけではないんですよ。それから弁護士会などの団体が、特定の擁護委員の候補を推薦できるというんです。だけど、かつてそういうことをする弁護士会などが公平であったことはないんです。

渡部　ないですね。

西尾　いつもないんです。弁護士会というのはもっとも信用できない左翼団体ですから。どうしてこういう法案がと、私は腹の底からびっくりしていたら、私だけではなくて、さすが自民党内にはおりまして、それから民主党のなかにも、これを研究、弾劾する研究会や勉強会ができた。

そういうことで四月になってもめて、いったん与謝野（馨）政調会長の預かりということで、この法案はしばらく、少なくとも今国会は大丈夫かと。これは前国会で廃案されたのにまた出てきたものなので、次の国会ではまた復活するかもしれないけど、今国会は大丈夫かなと何となく思っていた。ですから私は一昨日の新聞を見てびっくりしたんですよ。また、人権擁護法を執念深く古賀（誠）議員がもち出そうとしていると。

渡部　古賀議員の本当の動機は何ですかね。これは人権を護るためではない。だって大部分の日本人の人権が踏みにじられる、法が護ってくれないという状況にはなるわけですからね。

西尾　私の聞いたかぎりですけれど、わかりませんけれども、自民党と公明党の一部で外国人参政権（註・日本の国籍を有しない外国人に付与される参政権）――これもまたペンディングですけれども、これと、人権擁護法を国会で通しますという裏約束がしてあると。自民党と公明党のあいだで。

渡部　公明党筋から出ているんですかな？

西尾　非常にあり得る。これは十分にあり得ることで、公明党と韓国、北朝鮮というのは、いま危ない連鎖反応を起こしている感じがしております。

渡部　しかも公明党の、というかその背後にいるいちばんの親分は、ずいぶん中国から名誉博士をもらったりしてますからね。

西尾　危ない人ですね。国を売るということにおいて人後に落ちない人が、大きな組織を動かす権力者になっているというのは。そして自民党自ら、この国の未来にとって自殺行為になるような約束をするとは。それはひとつあるというふうに聞いています。

それから、本当は部落解放同盟はすでにいろんな特権を手に入れているので、いまさらこれを通す必要はないというふうにも聞いているんです。

渡部　私の知っているかぎりだと、去年だったかな、部落解放運動の重要な人を私の研究会に呼んでお話を聞いたんですけどね、私が糾弾されたころとは様変わりで、いまはもっと穏健になっているんじゃないかなと思うんですね。

西尾　いや、なかなか、巧妙になっているんですね。

渡部　巧妙ですかね。

西尾　あの、同和対策事業特別措置法（註・同和問題解決のために一九六九年に公布・施行された、初めて国および地方公共団体の責務を定めた法律）というのがあって、それから地域改善対策特別措置法（註・一九八二年四月に制定され、一九八七年三月に失効。同年四月〔地域改善対策特定事業に係る国の財政上の特別措置に関する法律〕に引き継がれた。同法は一九九二年五年間延長され、一九九七年三月に失効を迎えたが、同年四月残事業処理のため、五年間財政上の特別措置をとる再改正法が施行された）というのがあって、いずれも時限立法だったので期限が切れたんですね。

渡部　延ばし延ばしきたんだよね。

西尾　それでかなりの経済的特権を得てですね、むしろ地域によっては逆差別だと。

渡部　はっきりした逆差別でしたね。

西尾　非常に有利すぎて、貧しい他の日本人が不利になると。この逆差別がむしろ問題になっているくらいで、いちおう期限切れになった。だから、もうそこでいいはずなんですけれども、いや、そうじゃないと。さらにそれに輪を掛けてやろうという動きがあります。

渡部 だから「人権法」と言わないで、私は「特権法」と言うべきだと思うんですね。特権とくれば、これはだいぶ抑制法案にウエイトを掛けて考えなければいけない。

西尾 とにかく人権委員の恣意《しい》でどうにもなるわけです。五人の人権委員のうち必ず最低二人は女性をいれなければいけない。だから女性が二人、ないし三人になるという、そういう構造になるのも、これは男女参画の影響でありまして。

われわれが差別的な行動をしたら、これは非難されても仕方がないかもしれないけれど、差別的な言行として言葉だけで取り押さえられるというのは、文学から思想から、個人の許容範囲があるから問題です。たとえば、「人間は差別で生きている、差別を生きるのが人間が生きるということだ」というようなことを、書くとします。そういうレトリックはありませんか？

渡部 あります。あります。

西尾 それも「もうよさないと」ということになるかもしれないんですよね。

渡部 人間というのは平等じゃないですから。たとえば、いちばんわかりやすい例で言えば、ものすごく美人と、そう言っちゃ悪いけれど、ブスの女の子が二人がいたとしたら、どのくらい美人というのは得しますかね。もう、わかりやすいじゃない。知力だって、ものすごく学問できる人、あるいは経済的に優れた人もいるし、まぁ普通の人もいるし、とんまな人もいるしと。明々白々なる、これは区別と言ってもいいし、差別と言ってもいいんですよ。ただわれわれは人間はみな違うから、最低ぎりぎりの人権だけは護りましょうというぐらいのものですよ。

ところが人間はすべて平等であるといって、平等でないものを全部落とすと、それこそ教室で学力差別しちゃいけないと言ってならせば、上の人に合わせるわけにはいかないから、学力がどんどん、どんどん下がっていちばんできないやつに合わせることになっちゃう。

西尾　ですから、運動会で一等賞を与えないという、あれが小学校の運動会の範囲を超えて、矛盾がどんどん拡大していって、おとなになっても、そんなことが可能かという話になってくるわけです。

渡部　だから人権擁護法というのは、ものすごい何というかアナクロニズムですね。

西尾　アナクロニズムであると同時に……。

渡部　文明以前の状況に日本を戻そうと……。

人権法ではなく「人権蹂躙法」

渡部　「人権法」という名の、普通の日本人の人権を踏みにじる「人権蹂躙《じゅうりん》法」をつくろうとして足掻《あが》いている。足掻いているという言い方は悪いかもしれませんが、押し進めようとしている議員さんがいらっしゃるわけですが、その背景――背景だからはっきりわかるとはかぎりませんけれど――推察しても無理がないところはどんな動きがあるんですかね。

西尾　私の知る範囲で申しますと、この法案づくりに働きかけてきた団体に「人権フォーラム21」というのがあります。これは一九九七年から五年間、時限組織としてできたNGO（非政府組織）で、代表は武者小路公秀《むしゃこうじきんひで》さんという大変有名な方でして、私は昔お目にかかったこともあって……。

渡部　国連大学の副学長ですね。

西尾　その国連大学というのがいちばんあやしいんですけどもね。国連大学というのは、外交特権を与えられている治外法権に等しい団体なんですけれども、何をやっているかというと、毎年政府のお金を使って、日本軍の慰安婦問題追及とか、政府糾弾集会とか、年がら年中手がけており、日本政府の責任を真っ正面から糾弾するようなことばかりやっています。特定の政治傾向に基づいて。

国連大学を熱心に招いたのは日本政府で、そしてその運営の経費を毎年負担して、そして日本政府にとっては「自分の足を銃で撃つような悲喜劇」をやっているというふうに言われております。この武者小路さんは国連大学の副学長でした。いまは違うんですけれど。と同時に主《チュ》体《チエ》思想、金日成《キムイルソン》のイデオロギーである主体思想国際研究所理事なんですよ。

渡部　主体《チュチエ》ね。金日成の思想の宣伝ですね。

西尾　その人権フォーラム21は五年間にわたって、この擁護法の思想的な背景をつくった団体だと私は思いますが、そこには部落解放同盟とか日教組とか在日コリアン人権協会とか婦人団体とか日本労組組合連合会とか、そういう団体の代表が入っています。

そして、これから先は私の推理であり、私の直感なんですけれども、先ほどから何度も政府の三権分立の外に、法務省の法務的統制や監督の外に、この人権擁護委員会というのが独立して置くということが話題になって出ていると思うんですが、この発想の根幹には国家のなかに党をつくるというパルタイ、ようするに全体主義的国家、ナチスやソビエトや北朝鮮といった国家のイデオロギーの発想と同じものがある。つまり国家権力の把握できない、まったく外にさらに、より強い国家権力をつくるという、つまり国家のなかの党、国内国家を思わせるわけです。

渡部　インピュリュミ・イン・インペリオ（imperium in imperio）というやつですね。国家のなかの国家。

西尾　どうもその発想に似ている。そしてこれがだんだん大きくなるのですね。

渡部　糾弾権がありますから恐いですよ。いまのうちに潰《つぶ》さないと、ガンだって小さいうちに切らなきゃえらいことになりますからね。これはナチスだって同じことです。

西尾　それに政治家がまったく気がついているのか、いないのかということが心配ですね。

国民の知らないうちに恐ろしい法律が生まれる

西尾　『正論』の七月号に、時沢和男という方が、人権擁護法について、いろいろ書いていて（「人権擁護法案に蠢く面々と果てなき日本の悲劇」）、そのなかで、東京造形大学教授の前田朗という方が暗躍する一人であると。この方は石原都知事が「第三国人」発言のときにも糾弾に回った人であり、差別というのは国家権力が取り締まるべきだという思想の持ち主で、それが国連でも展開されているということを訴えて、そしてアフガニスタン国際戦犯民衆法廷とかイラク国際戦犯民衆法廷（註・模擬裁判の形式をとってアメリカ合衆国などのアフガニスタン侵攻やイラク侵攻に抗議した反戦パフォーマンス。主催者は公的機関ではなく、判決には法的拘束力はない）

の共同代表でもあるそうです。

渡部　そのいまテロやっているほうの……。

西尾　テロリストの側です。「民衆法廷」など仮設にすぎない。ようするに政治イデオロギー団体でしょうが。

渡部　そうですね。

西尾　ＮＨＫ番組改変問題（註・バウネット・ジャパンが主催した民衆法廷で、「従軍慰安婦」など日本軍の戦時犯罪の責任は昭和天皇および日本国家にあるとして「有罪」の判決を言い渡したＮＨＫの特集番組に対し、朝日新聞が放送後数年たってから政治家による政治圧力があったと報道し、それをＮＨＫが否定した問題）における「女性法廷」と全部つながっているわけです。バウネットですね。クマラスワミ報告（註・国際連合人権委員会の決議に基づいて提出された、「女性に対する暴力とその原因及び結果に関する報告書」の通称。慰安婦問題について日本政府に法的責任を取ることを求めている）とか、「ユーゴなどでレイプ事件が続くのは日本軍の性奴隷制度」である従軍慰安婦の問題が徹底的に処罰されなかったせいだ、というような。

渡部　バウネットについて、どこかの雑誌に研究が書いてありましたけれども、昭和天皇の性的犯罪を糾弾する女性国際戦犯法廷の尻尾には、ネズミの尻尾だと思ったら、朝鮮総連という龍がついていたというね（笑）。

西尾　それはしかし、安倍さんがいい場面でしっかりと言いましたね（註・二〇〇五年一月中旬に安倍晋三が、「女性国際戦犯法廷の検事として北朝鮮の代表者が二人入っていることと、その二人が北朝鮮の工作員と認定されて日本政府よりこれ以降入国ビザの発行を止められていること」を指摘して「北朝鮮の工作活動が女性国際戦犯法廷に対してされていた」とする見解を示したことをさす）。だから、それは面白い話なんですけども。この論文によりますと、この前田という人物は、何かというと人権、人権と言いながら、北朝鮮による日本人拉致の人権侵害についてはいっさい口を緘《かん》しているという。そう、だいたいみんなそうなんですよ。

渡部　昔の左翼がそうです。アメリカの原爆は汚いけど、共産主義国の爆弾はきれいだとかね。それと同じ理屈ですね。

西尾　これでだいぶその正体は明らかになったと思うんですけれども、いちばん恐いのは、ここから先で、私たちがほとんど知らないうちに、そして「歴史は夜つくられる」というように、突如として法律ができあがることです。新聞もかなり経たないと報道せず、週刊誌ですらもあまり書かない。それからテレビがいっさい無視しているという状況で、一部志のある言論人とそれから政治家が追跡しているだけで、いつのまにかだんだん肥大化して、そして権力の裏側であやしげな取り引きが行われて、こういうものが進行しているということのもっている恐さです。これは革命勢力と言ってもいいんでしょうけれども、北朝鮮のイデオロギーを背中に背負った革命勢力が武力革命をするのでもないし、昔のように「労働者よ、団結せよ」と言って、立ち上がるんでもなしに、その革マルとか全共闘とかでやるんでもなく、密かにいつのまにか政府の中枢に入り込んで、国家権力の上層部に入り込んで、上から法律でもって落下傘式に革命を起こすと。

こういうことが、じつは私は三回目だと思っているんです。ひとつ目は教科書です。二番目が男女共同参画で、そして今度三回目がきているんじゃないかと。同じような構造ではないかと思うんです。

宮沢内閣が元凶

渡部　そして、おかしなことが起こったのは、そもそも、宮沢内閣であるということをはっきり認識すべきですね。

西尾　あれは何年でしたっけ。

渡部　もう二〇年以上前ですね。第一次教科書問題（註・一九八二年、文部省が教科書検定により高校の歴史教科書において中国華北地域への「侵略」を「進出」などと書き換えさせたとする報道をきっかけに、日本国内および外交上に生じた一連の問題。渡部氏がその大誤報を指摘）でしょ。

それから、宮沢内閣のときに天皇陛下の訪中（一九九二年）、そして河野談話（一九九三年）です。

まぁ本人が意識するかしないかは知りませんが、日本をものすごく悪くした。バブルで日本を潰したのもあの人です。長銀（日本長期信用銀行）をたった一〇億で外国の投資機関に売っ払うようなことをやったのも、結局あの人が大蔵大臣のときですね。だから、どうも宮沢さんというのは、あれは何者だという、非常に不思議な感じがするんですよ。

西尾 ようするに、アメリカに魂を売って、日本を売った男。そして同時に国連とかにすごく弱い人。私は「戦後犯罪人」というか、あの筆頭格の人だと思いますね。おっしゃるとおりだと思います。ちょうどそのころですね、冷戦が崩壊して、もうこれで貧しい霧が晴れてせいせいする、これからはまともな国になるだろうと思っていたら、だんだんだんだん霧が濃くなってきて。先に言っていたようにいつのまにか革命は「労働者よ、団結せよ」のかたちではもうなくなって、いつのまにかその霧の靄《もや》のなかに宮沢政権のようなもののなかをくぐり抜けて、そういう政治家たちの心を籠絡《ろうらく》しながら、トップからトップを握って上から降ろしてくるというような革命。教科書問題というのはまさにそれだった。知らないうちにそうなったんですね。

渡部 だから私は重要な案件は、すべて選挙の公約として争ったらどうかと思うんですよ。たとえば指紋押捺《おうなつ》廃止なんていうのは誰も知らないうちに通ちゃった。もし選挙で指紋押捺廃止賛成、反対でやったら、誰も通さなかったと思います。それが何も国民に問うことなく、当選した政治家たちがどれだけのブラックマネーを貰ったかわかりませんけれども指紋押捺廃止をスゥーッと通した。

教科書問題だって何だって文句があったら選挙で公約して国民の前に出してみろと。日本の国民の大部分は、変なほうに行かないと思うんです。だから公約にはぜったい出さない。いまの人権法だって公約に出してやってみて、それで大多数の日本人がこれでいいというのなら、日本人である手前しようがないかなと思うんだけど、いま指摘されましたようにね、闇のなかで動くんですよ。それでパッと法律が出てくる。

西尾　しかも、今度は上からなんですよ。それで法務官僚がみんなやられている。

渡部　男女共同参画法なんていうのも、選挙で争ったらずいぶん違ったものになったはずなんです。

その点、アメリカでは変な法律も出るけれども、だいたいは公約にちゃんと出る。

ブッシュの靖国参拝をつぶした外務省の罪

西尾　アメリカを感心するのは国連を信じてないということです。国連に距離をもっているんです。

渡部　自分でつくったくせにね（笑）。

西尾　自分がつくったけれど――これは渡部さんのほうがお詳しいと思いますから、私が言うのも口はばったいんですけれども――国連というのはようするに戦後トルーマン政権、あるいはルーズベルト末期政権の政権内部に占めていたソビエトのスパイによってつくられた。ハリー・デクスター・ホワイトのような。

渡部　そうですね。

西尾　その人たちが戦後国連をつくっているんですよ。そしてデクスター・ホワイトはＩＭＦの初代総長になったが、とにかく国連のいろんな機関というのは、ソビエトの息のかかったアメリカ人がやっている。

渡部　民主党ですからね。

西尾　日本の進駐軍もそうだし。予想外に戦後共産主義はアメリカの名において浸透した。それがわが国の妙な平和主義と結びついて、戦後ずっとそれできた。だけどもアメリカは賢いし共和党があるから、そのうち変わってきた。アメリカは国連に惑わされていないんですよ。

渡部　私のみるところ共産主義のイデオロギーが浸透しなかったのはアメリカの共和党とスイスですね。

西尾　なるほど。

渡部　あとほかはね、多かれ少なかれ……。

西尾　これはもうだめですね。

渡部　だめなんですよ。だからアメリカは共和党があったのは非常に救いでね。共和党のアイゼンハワーは岸さんと非常に共鳴して、それまでの日本の首相がアメリカに行っても何か敗戦国の人が行く感じだったけれども、アイゼンハワーは元戦犯に指定された岸さんと平等に付き合って、一緒にゴルフなんかやったでしょ。あれで日米が「あっ、平等になった」という印象を受けたんです。あれは共和党だからですね。そして岸さんが安保改定したでしょ。その安保改定の枠組みで高度成長やって、今日に至っているわけですからね。その資産をいま左翼残党が喰い散らかそうとしているわけです。

西尾　いま、幸いブッシュですね。

渡部　そうです。幸いです。

西尾　二期目のこのあと三年間、本当に上手に生かせなきゃいけないですが。そのブッシュさんが三年前に「靖国に行こう」と言ってくれた。何でそれを外務省が断ったか。これはとんでもないことで、靖国にブッシュ大統領が小泉総理と一緒に参拝すれば、中国は文句が言えない。のみならず、これで、東京裁判がどうのこうのもなくなって、日米は、過去の問題は本当の意味で水に流しましょうということになるわけですよ。国内の左翼も文句を言えなくなっちゃうわけです。この貴重なチャンスを潰したのは外務省なんですよ。

渡部　そうなんですよ。そして外務省は中国に天皇陛下を送り出すことにも反対しなかった。中国というのは朝貢の国ですからね。日本の天皇も朝貢に来たぞと、これで中国は日本をぐっと下に置ける。日本が行かないあいだは、中国から歴史が始まって以来、政治的な支配のもとにないという建前だった。それを、天皇陛下が――まぁ政府が行ってくれと言ったら行かざるを得ないんでしょうけれども――天安門事件で中国政府が世界から孤立したときに、日本の天皇陛下に来ていただいて、西洋とも関係が回復した。それを中国はおれの作戦でやったんだと、威張っているんだから許せません。

西尾　「平成」という、名前の彫り刻んだ石の前に陛下を連れて行って、中国の孤児を、お前の名前だといってやったって、出ましたよね、写真に。それは別に驚きでも何でもないんですけれども、日本は儒教の経書をわれわれの古典にしているんですから、何も恥ずべきことでも何でもないいんだけれど、政治的に利用されているわけですよ。
渡部　第一に朝貢の習慣のあるところに行っちゃいかんのですよ（笑）。
西尾　今度、皇太子が韓国へいらっしゃいますね。
渡部　ぜったいにああいう国に行ったら、ただ日本がバカにされるだけです。いいことはひとつもない。天皇陛下がいらっしゃったから、これで本当に中国が日本と和解してくれたかと思いきや、もう嵩《かさ》にかかってくるじゃないですか。

中国、韓国には一歩も譲るな

西尾　最近の新聞、テレビを見てますと、靖国参拝とそれから日本の常任理事国入りはトランプのカードなんで、こっちが靖国を止めれば中国は常任理事国を認めるんだという識者がいますが、単なる嘘ですよ。そんなことあり得ない。靖国参拝を止めたら嵩にかかってきますよ。
渡部　嵩にかかってきます。天皇陛下が行ったっていいことなかったんだから。もしも常任理事国に推薦するというのなら、公式声明を出してもらわなきゃね。公式声明だって破りかねないから、あの国は。
西尾　だけど、それと靖国参拝はまったく別個の事柄であって、これで八月十五日に堂々と総理が靖国参拝をしなかったら、総理は男じゃないし、それから、この国は敗北です。今度は、いわゆるガス田でも、ありとあらゆることにおいて受け身になってしまって押しまくられるだけですよ。

渡部 そうです。それだけの話なんですね。靖国神社に中国が言う権利は本当に何もないんですから。

西尾 関係ないことですからね。

渡部 内政干渉どころか宗教干渉だし、だいたいあの連中はサンフランシスコ条約に参加していない。それでサンフランシスコ条約の一一条というのはよく根拠に使われますが、東京裁判を認めるというのは誤訳です。〝ジャジメンツ〟というのを裁判を受け入れると誤訳したんですが、あれは諸判決、判決だけでも足りない、諸判決を受け入れるということなんですよ。

西尾 あの一一条に書いてあることは、いちおう、収監されている戦犯と称される人々を、条約が批准されたのちも、そう簡単に釈放してはいけませんというような意味のことが書いてあるんであって……。

渡部 本当は講和条約というのは、いつか西尾さんも書いていらっしゃったけれど、もうそれで終わりなんです。

西尾 講和条約は謝罪なんですよ。ですから、これをやったら、二重謝罪になるだけです。

渡部　そうなんです。さすがに向こうもわかっていたとみえまして、その後日本政府が刑期の軽減、および無罪にしたときに、どの国もみな賛成したんです。

西尾　結局これは、そのときジャジメンツの内容について条約が発生してから日本政府が改めて各国に、「いや、もうその収監を解いて、みんな釈放したいんだが」と言ったら、「いいでしょう」と各国が認めてくれて、それでもうすべて終わりです。

渡部　したがって、万一死刑になった七人の方が無期懲役だったら、当然その時点において釈放されています。

西尾　そうです、そうです。

渡部　早く殺しすぎたんです。

西尾　そう、それはもう遺恨でやりましたからね。

渡部　しかも講和条約が決まるまでは戦闘状態が続いているわけですからね。殺されたんです、敵に。

西尾　ようするに戦死なんですよ。戦後自ら日本人は遺族に対してそういうふうに認めた。遺族というよりもA級戦犯、B級戦犯のクソもなく、とにかくわれわれとともに戦った戦士であるという扱いにしたわけです。もろ手を挙げて四〇〇〇万人の署名が集まったんですから。

渡部　しかも、いちおう戦犯とされた人を釈放するに当たっては、当時の中華民国政府はＯＫ

したんです。

西尾　あぁ、そうですか。

渡部　それから日本と戦争をした国はみなOKしたから釈放したんですよ。だからそのあとに、中華民国の権利を受け継いだと称する北京政府が、あれこれ言うのはぜんぜんおかしい。

西尾　ようするに〝ため〟にする議論であって、私はやくざの脅しだと言っているんです。もし日本が中国の言うなりになってA級戦犯を分祀《ぶんし》したとする。仮にそうしたとしたら今度はB、C級戦犯を分祀してくださいとくる。ではそれもとなれば、じゃ靖国神社もやめましょうと、靖国神社そのものをなくしましょう。あぁ、結構です。その次は天皇制度をなくせと中国は言ってきますよ。

渡部　伊勢神宮もなくしちゃうとかね。というのは神社というのは日本文明の基礎の基礎であって、これだけはいかに中国が頑張っても自分の影響だと言えない、いちばん中核のところなんです。

だんだん悪くなっていく一方の日本

西尾　それを日本の政治家のなかにおろそかにしている人がいて、簡単に何か代替施設をつくるだとか言うから困ります。靖国に祀《まつ》られる霊魂というのは、入って全部ひとつのたまになってしまっているので、ここだけ取り除くというようなことはできないんですよ、現実的に。何もわかってない。第一、あそこに遺骨があると思っているんですよ（笑）。

渡部　そうなんです（笑）。

西尾　靖国のなかに。あれはお墓じゃないんですから、あそこには何の遺骨もないんですから。

渡部　八幡宮というのは日本中にありますけれどね、何かもってきたわけではなくて、それは霊を分けてお祀りしているのです。

西尾　ですから、よく八月十五日になると天皇、それから総理大臣が集まって菊を献花しますね。英霊者にささげる、お昼の正午に。戦後ずっとやられているわけです。あれは非宗教でやっているというんで最高裁長官まで来るわけですよ。ところが、神道の考え方からいうと、あれはもう神をお祀りしていることに事実上なるんです。神道というのはそういう宗教なんで。

渡部　しかも日本国憲法では天皇は統合の象徴です。統合の象徴なる天皇家が神道であることは、いささかの疑いもないわけです。だから天皇陛下が靖国神社に参られることは統合の象徴が統合の象徴の宗教に従って参られることで、何も文句ない。

西尾　でも、それがいまできてないんですよ。早く陛下に……。

渡部　法律的に考えてないんですよ。戦後はできたことができなくなっているんです。

西尾　戦後はずっとできていたんですからね。総理も毎年参拝していたし。そのことと、今日のこの問題と関係あるんです。

渡部　だんだん悪くなる。

西尾　だんだん悪くなっていく。これは日本人がいけない。日本人がいけないけれども、だいたい冷戦構造が崩壊して、冷戦までは緊張感がありました。そして日本はアメリカにある意味で護られていたところがある。そしてわれわれは壁がはっきりしていたから戦うのも反共というひとつでラインがはっきりした。ところが、やっぱりそれがなくなってしまってからですね、おかしくなっていると。私はその今日の問題と全部つながってると思うんですね。

渡部　このだんだん悪くなるというものを比喩的に言うと「梅毒」なんですよ。梅毒ははじめのうち、簡単な皮膚病としてちょっとで治る。でも、またなだんだん悪くなって、最後には頭にきてパーになるんですけれどね。いまは治るらしいんですけども。この、だんだん悪くなるというのは、じゃあ梅毒に相当するのは何だろうというと、やっぱり東京裁判史観なんですね。だから朝日新聞も加藤紘一氏も東京裁判の一一条を使ってくるじゃないですか。

西尾　ただ、この一一条というのははっきり言って、われわれは何もそれを欧米諸国に向かっていまさら裁判のやり直しをするなんていうことを言う人がいるけれど、そんな必要はまったくないんで、すでにもう終わっていることなんですから。

渡部　全部、終わっています。

西尾　はっきり言って、政府が声明のひとつでも出せば、それでいいことなんで。

渡部　言うことを聞かなきゃいいんですよね。

西尾　だめだ、法制局なんて変なものがあるから（笑）。このひどい人権擁護法をつくって、それに合意しているのが法制局なんですから。

渡部　それは何に倣《なら》ったのかね。おそらく、やはり法制局の人たちも全部東京裁判史観で毒されているからね。

西尾　東大法学部ですよ。

渡部　東大法学部、そうなんです。よくないですね（笑）。

西尾　よくないですね。私は、それともうひとつは、やはり東京裁判史観とおっしゃったけれど、結局戦争に負けたということですね。アメリカに負けたというのが、こんなに尾を引くとは思わなかった。そしてその負けて悪うございました。罪がありますと言って、自虐的になってじーっと縮こまっている、その奴隷根性が心地いいんですね、一面。そのために、そのうずくまったままの状態が続いていて、だから、このありとあらゆる問題は中国が悪いわけでもアメリカが悪いわけでも何でもなくて、日本人自身が、この奴隷根性から脱しないかぎりだめなんだと。

渡部 日本中の、普通の民衆はしょうがないけれど、リーダーがだらしないんですよ。

西尾 リーダーがいちばんだらしないです。民衆のほうがしっかりしているんですよ（笑）。

渡部 だからA、B、C級の戦犯も条約というのは結んだら、もう過去には遡《さかのぼ》らないんです。日本だって、いま文句を言おうとしたなら、アメリカだって普通の市民殺傷目的の原爆、絨毯《じゅうたん》爆撃をやったじゃないですか、と言えるけれども、もう平和条約を結んだから日本の公的機関はそれも言わないわけです。だから国家のあいだの条約というのは民間のあいだで言えば、示談なんだから、示談が済んだことはもうもち出さない。これは示談が済んだらやくざでももち出さないんですよ。だから、示談が済んだものをもち出している中国だとか韓国は……。

西尾 だから、やくざなんですよ。

渡部 やくざ以下なんですよ。日本のやくざはもっと立派ですよ。示談が済んだらもう言いませんよ（笑）。

西尾　とにかく講和条約というのは謝罪なんです、それ自体が。そして二重謝罪を防止するための防壁であり、ある種の約束なんです。だから、これ以上謝罪を繰り返すということは、ある意味で相手国が戦争を挑発しているようなものです。これからやる戦争の準備をしているようなものなんです。謝罪を要求すればするほど、こっちは謝罪ができなくなるわけですから、それじゃ、謝罪をしないなら何をするかというと、もう一回戦争をするんですか、という話にだんだんなってくるわけですよ。

渡部　それで核武装でもやろうかとかなるんじゃ……。

西尾　だから、本当に平和を望むんだったら、戦勝国は断じて二重謝罪を求めてはいけないんだ。

渡部　文明国のルールに書いてもらわなきゃいけないということですね。

解説

西尾幹二

一　文藝春秋の「自滅」を予言していた対談

読者の皆様は各章の二人の対談をお読みになったあとで以下の解説を補足的にお読みください。

巻頭の「本書を読み始める前に当たって」で一冊全体の構成を示唆しておきました。当解説の第1章から以下には、新たに気がついたことや追加して考察すべきことをかいつまんで述べております。

第1章「敗北史観に陥った言論界」が『Ｗ：ｉＬＬ』に載ったのは象徴的でした。『諸君！』なきあとの文春、あるいは文春的な世界のなかで『諸君！』の代替的役割を果たしたのが『ＷｉＬＬ』でした。言ってみれば、文藝春秋の保守路線が壊滅して、『Ｗ：ｉＬＬ』という雑誌を生み、そのために文藝春秋は片肺を失って生命力のない抜けの殻のような会社に変わってしまったともいえます。『Ｗ：ｉＬＬ』その他が力を吸い取ってしまったからです。文藝春秋の自滅の始まりです。それは二〇一八年前半に起こったお粗末な人事問題における内紛的ドラマでこの会社の行方が不安な薄明に閉ざされたことで、強く感じます。告知されている人事一覧表をみても先行きは暗いですね。そして、このような不祥事に立ち至ることは渡部さんと私の冒頭対談でも深く精神的にも思想的にも抉《えぐ》り出すようにして論及されていて、予言されています。一〇年前に予告されているとおりのことがついに起こったといっても過言ではないでしょう。

じつはその二人の対談『Ｗｉｌｌ』二〇〇九年五月号の二カ月前に、そのことを私はすでに『Ｗｉｌｌ』に書いていました（二〇〇九年三月号「皇室問題『文藝春秋』は腹がすわっていない」。私の単行本『「権力の不在」は国を滅ぼす』収録時には「国家権力が消えてなくなった」に変更）。これはタイトルがぐるぐる変わっているためにあえて申し上げるのですが、「『文藝春秋』が左翼雑誌に？」がこの論文の最初のタイトルでした。当時は、ここまで言うのがライターである私でさえも迷い、またＷｉｌｌ編集部もまだ決心がつかなかったために、ここまでどぎつく打ちだせなくて、二〇〇九年三月号の表紙にあるように「文藝春秋の迷走」というようなおとなしい表現にとどまった。それにあのときはまだ思想の行方ははっきりしたことがわからなかった。文藝春秋が左翼雑誌になったことはいまは明らかになっていますが。

そこで、二カ月前の論文、あのくるくる題名の変わった二〇〇九年三月号の論文をまず読んでみたいと思います。これは田母神論文問題（註・二〇〇八年に航空幕僚長だった田母神俊雄が、政府見解と異なる内容の論文を、懸賞論文に投稿し、受賞したことによって、同職を更迭された問題）が起こった前後の話です。

なにゆえに権力側が田母神発言を押さえ込んだのか、なにゆえ朝日新聞、ＮＨＫはじめ大マスコミがヒステリーに陥ったのか。この悲喜劇的おかしさは、一般国民にもはっきりと見えたと思います。（中略）

田母神論文についてなされた様々な発言の中で、特にインターネット上の書き込みの中では、「自由民主党はいつ左翼政党になったのか」というものが多くありました。これは多数の国民の心の中に潜んでいた声でもあります。（「皇室問題『文藝春秋』は腹がすわっていない」）

いまでも通じる指摘でしょう。

（前略）あの保守派の期待の星・麻生総理が「自衛隊の中で二度とこのようなことが起こらないための再教育と監察を行え」と言い出しました。「いったい麻生総理はどうなってしまったのか？」と驚きましたが、事実、その方針に則って防衛大臣は動いています。

二人の動きは、かなり確信犯的なものだったので、その理由がまだ私にはわかりません。（同前）

麻生さんのこの発言は私には衝撃でした。麻生さんとはそれまで個人的にご親交をいただいていた方でしたので、ここでもうダメだと思い、今後こちらからはご挨拶はしないことにしました。田母神事件は日本の未来に関わる微妙な問題なので、彼は黙っていればいいものを、田母神氏をただ外しただけでなく、いじめようとした。しかも田母神氏がせっかく提起した問題をなしにしてしまって、それどころか、自衛隊のなかに手を入れて良い芽のあるものをひとつでも摘み取ってしまおうとさえしました。本当にこの人は保守かと思ったものです。

ＮＨＫの番組「クローズアップ現代」は、ことにひどい内容でした。かねてからＮＨＫはあのようなものだということは百も承知ですが、「自民党は左翼政党だったのか」という驚きとともに首を傾げたのが「『文藝春秋』はいつ左翼雑誌になったのか」というものでした。（中略）

敗北的平和主義と左翼リベラリズムを代弁する二つの言論雑誌、講談社の『現代』と朝日新聞社の『論座』が昨年廃刊となった後、中道右派と見られていた『中央公論』と『文藝春秋』が事実上最左翼になったという皮肉な逆説を申し述べたものです。今度も『文藝春秋』は早速に石破前防衛大臣に田母神論文への反論を書かせています。

アメリカの核の傘の無効化、日米安保の見直しの必要、核武装論議ほか我が国の軍事的自立への努力の表明、などの切実な現実正視をできるだけ逃げたい人々が問題先送り心理に浸っていて、憲法九条死守とアメリカ依存心理を結びつけ、左翼と親米派が手を組むというのが今の大雑把な現状維持派の構造なのですが、『文藝春秋』はそれと戦うという姿勢をいつの間にか失ってしまって、そちらのサイドに立ったように私には見えてなりません。（中略）

文藝春秋の社内のある幹部の方から、「半藤一利、保阪正康、立花隆氏などを起用するのは、『文藝春秋』のビンの蓋だからだ」ということを私は聞きました。うまい言葉だ、と思ったものです。文藝春秋の社内からの発言ですから、会社の体制に疑問を持っている人がいるということを物語っていて、その点まだ救われた思いがしています。

「ビンの蓋」というのは、ご存じのように一九九〇年三月、スタックポール在沖縄米海兵隊司令官が「在日米軍は日本の軍事大国化を抑える『ビンの蓋』だ」と使った言葉です。ですから、『文藝春秋』がきわ立つ保守系雑誌にならないための「ビンの蓋」、つまり『文藝春秋』は朝日新聞のサイドに立ちますよという宣言のために半藤一利、保阪正康、立花隆氏らをしきりに起用しているというわけです。

さらに田母神論文にまつわる発言で驚いたのが、自衛隊出身者のものです。元来、保守だと思っていた方々、例えば森本敏氏らの発言には驚かされました。「え？ この人が」という言葉が自衛隊出身者の口から出て、一方では浜田防衛大臣の言動もあった。つまり、「自衛隊はいつ左翼になったのか」という驚きです。

自民党が？ 『文藝春秋』が？ 自衛隊が？ というのは、私たちにとって驚きであり、深刻な事態でもあります。これは外国などの外からの圧力があっての反応でしょうか。心の内側からの自己規制ではないでしょうか。この国全体が何かを必死で押さえていて、それに対して「ビンの蓋」が必要であるという「空気」がもたらした事態でしょう。すでに「ビンの蓋」は取れかかっているからこそ、その役割を果たしている知識人が必要なのだと、私は見ています。

私は「ビンの蓋」を早く外して、言論界は現実を直視する人が主流になっていくべきだと思っています。

問題視すべきは、「九条の会」でも「姜尚中」でもありません。彼らはもう底が割れています。『文藝春秋』を占領し、半ば保守の顔をしていて、そのじつ朝日新聞やＮＨＫや共同通信などとしっかりつながっているような知識人がこの国の「ビンの蓋」になっている、ということをよく知らなければならないのです。（同前）

この論文は皇室問題を中心に議論したもので、いま引用した部分はたまたまその冒頭で述べたものですが、二カ月後にこれと同じ精神的態度で、この延長線上に渡部昇一さんと私との本書収録の対談が展開されました。

というわけで、本書のなかの八つの対談のなかで、もっともエキサイティングな、そしてまたふたりの息が投合した内容のものはこの第1章にほかなりません。われわれ二人が、「『諸君!』終焉」にからむこの転換期に共通する時代の混迷をみて、同じ立場で声を挙げたのは決して偶然ではありません。いろいろな論客が『諸君!』にはかかわりましたけれども、ふりかえってみれば、保守の言論空間においてはいちばんかかわったのが私と渡部さんの二人だったと思えてならないのです。いま思いだしてみると、この対談はそのことの象徴ではないか。逆にいえば『諸君!』がなくなっていちばん衝撃を受けたのは私たち二人だったのかもしれません。

私はそれまで主に『新潮』と『文学界』で論陣を張っていて、文芸評論を目指していました。渡部さんは自己説明によるとちょっと私よりスタートが遅くて『英語青年』や『英語教育』といった専門誌で活躍されていて、『諸君!』がいちばん最初の言論雑誌であったそうです。ですから、『諸君!』の魂にいちばん近い所にいたのは渡部さんかもしれない。

私にとっては『西欧の無知　日本の怠惰』、『ソ連知識人との対話』、「ヴァイツゼッカー前ドイッ大統領謝罪演説の欺瞞」という話題となった論文を収めた『異なる悲劇 日本とドイツ』、そして何といっても大切な大著であった『江戸のダイナミズム』はみな『諸君！』に掲載ないし連載されたものであります。渡部さんがどういう関与をなさったかデータ的にはいま調べてませんが、たとえば江藤淳氏などよりも私たちのほうが『諸君！』にはより多く関与したのではないか。つまり、自分のもっているテーマのいちばん中心的な部分を提出したのが『諸君！』であった、と言えないわけでもない。そういう意味では『諸君！』の消滅は渡部さんと同様私にも致命的だったことは間違いありません。

ひるがえって、少し前の世代、もちろん小林秀雄や福田恆存、竹山道雄、会田雄次といった私たちの先達はもとより、もう少しあとの村松剛や佐伯彰一や江藤淳とか世代的にはちょっとの違いくらいなのですが、彼らもやはり『諸君！』が命では必ずしもなかった。他のメディア、とくに『文藝春秋』のほうが主だったでしょう。もちろん私や渡部さんも『文藝春秋』にも書かせてもらいましたが、やはりメインの仕事は文藝春秋本誌ではなく『諸君！』であった。ですから二人にとって『諸君！』は「青春」でもあり「命の母」でもあったとあえて言えないこともない。それだけに想いが非常に複雑だったのは確かです。

それでは私と渡部さんが『諸君！』のなかの共通する基盤は何であったかというと、やはり東京裁判史観批判であったと思います。本書に収録した渡部さんの次のような発言に注目してください。

戦後のいちばん重要なことは、アメリカ軍は日本を二十五年間ないし五十年間は占領するつもりだったということです。ですから、憲法も何もかもその前提でつくられている。アメリカの保護のもとにあるという前提です。それが朝鮮戦争が起こったために、アメリカは東京裁判で日本側の弁護人が主張した東アジア共産化の怖れが本当であったと気づき、すぐに講和条約を成立させました。

しかしいまも、占領直後のアメリカが考えていた「日本人全員がインディアンの道を辿るまで占領しよう」という体制が続いています。そしてその体制に乗って出世した人間は、それに有利なことをし続ける。その再生産が続いているのです。

ですから安倍晋三氏が「戦後レジームからの脱却」と言ったのは少々不正確で、本来は「敗戦レジーム」「被占領レジーム」と言わなければなりません。それこそが対立軸となる。（本書36—37ページ）

ここでなぜ「対立軸」という言葉が出て来たのかというと、対立軸がなくなったから雑誌の課題がなくなったと、当時しきりに言われたからです。ソ連が崩壊し共産主義が敵でなくなったからです。そのことに対して、いや対立軸は残ってるじゃないか、大切な問題が残っているじゃないかというのが渡部さんの主張でした。それに対して私は、

近年何かに怯《おび》えるごとくますます「敗戦レジーム」が色濃くなってきたという印象がありますね。少なくとも教科書問題が始まった二〇〇一年から二〇〇五年くらいまでは、まだ健全なほうに動いていたように思いますが、その後、おかしな事態になっています。ひところ八〇％までいった憲法改正賛成の％も下がってきているでしょう。（本書37ページ）

というのがこの対談が行われている二〇〇九年ごろの感想なんです。そして私はさらに次のように言っています。

いま、アメリカは日本を守るつもりもないし、庇護《ひご》するつもりもないけれども、しかし手放すつもりもないし、自由にさせるつもりもないという様子見の状態です。

ですから日本も様子見をすればいい。しかし、様子見のあいだにしなければならない覚悟がたくさんあるのに、どんどんと動きつつある現実の変化に言論界が思考停止状態になっているという逆現象が起こっています。これは何かというと、アメリカにすがりつきた

いという自己救済衝動です。そのくらい日米関係の中で、日本人のアメリカに対する依存心理が強い、病的状況だということです。

昔は平和憲法を守れという人は日米安保反対でした。今は九条死守を言う人は安保がなくなったら大変だと思っている。左翼と親米派が手を結んで〝何もしない派〟になっている。それを正論とするというのが朝日新聞でありNHKであり自民党であり、そしてついに文藝春秋です。そこまで来ているというのが私の感想です。（本書37―38ページ）

このように二人で決定的なことをここで言い合っているわけです。

続いて渡部さんが、非常に大事なことを言っています。アメリカに核シェアリングを要求して断られたときに、では日本も自前で核武装すると言えるだけの胆力のある政治家がいるかと、いまそれが問われているのではないか、と。渡部さんは早くもこのときにいいことを言っているのですが、私はそれに応じてなくて別の話をしている。しかし、いまその渡部さんの話に穂を継いでみたら次のようなことが言えると思います。

最近のトランプ大統領と金正恩委員長の米朝首脳会談のあとに起こっている流れを見ている現在のわれわれの目には、これは六カ国協議の成れの果て、これまで六カ国協議で誤魔化してやっていたけれどもついにそれではどうにもならなくなった。その一方で、非核化という方向は「正義の御旗」になっております。私が心配しているのは渡部さんの話に穂を継いで言えば、「朝鮮半島の非核化」という言葉が飛び交っていますけれども、日本列島もあるぞと言われたらどうするのか。つまり米中露に取り囲まれた真ん中の部分、極東アジアは全部非核化地帯にすると要求された際に、そのことに日本の政治家が賛成しかねないわけです。これはとんでもないことで、本来なら朝鮮半島の非核化と言われた瞬間に日本列島は入りませんよと当然言わなければならないのに、日本の政治家がそれがさらっと言える事態は到来していない。アメリカだって日本の非核化を望んでいるし、日本は国内にも核反対の勢力が強いわけですから。日本は日本列島と朝鮮半島の非核化に強制的にサインを求められてサインしてしまう政治状況が出現しかねない。私はそのことを非常に憂慮していて、雑誌『正論』（二〇一八年七月号）にも書きましたけれども、渡部さんが十年前に言っていた心配はそういう問題にいまつながっているわけです。

二　東京裁判史観批判と文藝春秋

ここで文藝春秋にまつわる私の裏話を少しさせてください。

一九九六、七年ごろですけれども、「新しい歴史教科書をつくる会」が結成されてから運動が盛り上がるのは、大略二十一世紀に入って最初の五年間くらいがいちばんホットになる時期でした。いま思うとあの時期が保守運動の最盛期だったのですが、そこからあとが退潮してしまい、いままた少しその揺り戻しが始まったと思っているのですけれど、何か微妙なかたちで時代が動いているというふうに私にはみえます。そこで文藝春秋という雑誌の母体、出版社とわれわれがどうかかわったかという昔話を参考のため申し上げます。

それまでは文春は朝日新聞vs.文藝春秋と言われていました。対立軸の中心にいた勢力なので、私がつくる会の代表になって、教科書を実際に出版していただく版元探しを始めたときには三つの会社に順番にあたりましたが、当然、第一が文藝春秋だった。そして二番目にＰＨＰ、三番目に産経新聞社（扶桑社）でした。出版社がいいだろうということで、当時雄を成していた文藝春秋に真先にいくのは物事の筋でした。出版常識としてもそれは普通に考えられていたことです。私の住む西荻窪のとある店で社長の次くらいの立場の人が三人くらいで私を迎えてくださいましたが、断られました。政府が認定するようなものを出版社が出すということはいろいろな出版行動にかかわったり、社内の問題もあって、おいそれとはいかないということだったと思います。私もそれはあり得ることだと思って納得して引き下がりました。

ワンマン社長のＰＨＰも教科書出版をやりたいという気持ちは強かったのですけれど、根回しが必要だからちょっと待ってくれと真剣に考えてくださいました。その直前に産経のほうから合意がでると、産経は新聞社を抱えているからうちよりいいでしょうとPHPの社長も言ってくれた。しかし応援はしますよ、と。ですからPHPは教科書運動の前半においては文春よりもいちばん出版点数が多かった。いろんな本を出してくださいました。文春では『諸君!』が圧倒的に応援してくれた。で、産経は新聞を挙げて応援してくれたので、新聞社のもっている強さというものがありましたので、この選択は正しかったといまでも思っております。

各社さまざまな制約のあるなかで、誠実に対応してくださったことに心から感謝を申し上げたいと思います。どこが消極的だったとかそういうことはまったくありません。文春もよくやってくださった。とくに『諸君!』がそうでした。

たとえば、のちに「つくる会」に外務省がとてつもない検定妨害をいたしました。この外務省による妨害事件はあまりにも露骨なので世間の憤激を誘いましたが、『諸君!』はこれに対する反外務省のはげしい分析や論評を載せてくれただけでなく、編集部自体が一丸となって政府と外務省の動きの一覧表（これは『諸君編集部編』として私の全集にも入ります）をつくってくれました。そういう努力に支えられて本当にありがたかったことを覚えています。二〇〇〇年ごろのことです（「汝ら、奸賊の徒なるや!」『諸君!』二〇〇〇年八月号参照）。

そのころのことですが当時出版局長をなさっていた木俣正剛氏にお目にかかったことがあります。この方は二〇一八年の文藝春秋内紛騒動の際には、社長の立場を固執した松井清人氏といわば差し違えて彼を退陣に追い込んだと言われている方です。そのために文春ではいちばん保守だと見なされていた木俣氏が次期社長と目されていたのに、今度の内紛でその芽が断たれてしまった。これでまた、文藝春秋は後退してしまうといわれていますけれども、その木俣さんになぜお目にかかったかというと、徳間書店からシリーズ全一二巻で最近終わった私の『GHQ焚書図書開封』を文春で出版できないかと頼んだからです。徳間書店からの第一巻は二〇〇八年に出ましたから、その始まる前のことです。当時はチャンネル桜の放送映像を使うという話もまだなかった。木俣さんは当時私に好意的でした。以前私が福田恆存先生の片腕となってお手伝いをしていた仕事があったのですが、木俣さんはそれを書棚の奥から持ってきて、私は西尾さんの若いときの仕事を読んでいますよ、ご覧のとおり、よくやりましたね、と好意的な話をしてくださった。それでGHQ焚書を提案したら、即座に見事に断られたんです。はぁ、それはできませんうちでは、という言い方だった。私はその理由を聞きたいと思いましたが彼は立ち去って、あるいはいまなら答えてくれるかもしれませんが、本心は秘密なのでよくわからないのです。しかしGHQはそれなりに売れたし読者もついていて、たとえば文春文庫に入れたいと動いてくれた人もあったほどですが、でも大手はみな逃げた。これには何か秘密があるのじゃないか。よく言われる占領軍プレスコードに反するとか、私もよくわからないのですが、闇に隠れていることがあるのではないか。これは大きなテーマですよ。

だから木俣さんになぜあなたはあのとき顔色を変えたのですかと聞いてみたい。はっと顔色が変わったのを覚えているんです。でも私はそんなことを意に介さないで、徳間も勇敢にどんどん引き受けてくれて出るだけ本は出たけれども、しかし限られたところしか書評はなされませんでした。それよりも何よりも、同じようなことがその後別の出版社においても起こった。まったく別の話なのですが、二〇一七年に中西輝政さんと対談本（『日本の「世界史的立場」を取り戻せ』祥伝社）を出しました。この本でも題名がなにかに抵触したのでしょうか。『Ｈａｎａｄａ』『ＷｉＬＬ』『正論』『Ｖｏｉｃｅ』の四誌でしか書評は出ません。四誌は私たちの日頃の執筆雑誌です。プレスコードが動くのか何か知りませんが。私は本当に知らないのですが、何かがありますよ、日本には。そのことをいまあえてここで言っておくわけです。この四誌のみがとりあげて、しかも本は売れたのです。すぐに五〇〇〇部増刷でした。だから著者の一人としてはもって瞑《めい》すべしです。内容はいいわけですから。ＧＨＱ焚書が沈黙をもって報いられたように、何かが私や私の仲間たちを包囲している。言いすぎでしょうか。あるいは何か考えすぎでしょうか。

日本のメディアに言論の自由はあるのか。そういう疑問をいまもっているわけですが、そしていま私は文春の裏話をしているわけですが、さてそのことを非常に強く危機信号的に物語ったのは、文藝春秋は小林秀雄や福田恆存や竹山道雄や三島由紀夫の流れに棹《さお》さしている雑誌であって、そのあとの世代でいうと司馬遼太郎や阿川弘之氏が巻頭言を担当していて、おそらく江藤さんも書くのだろうと思っていたらしないうちに亡くなってしまいましたが、ここであっと驚くべきことが起こった。半藤一利氏と保阪正康氏、それから立花隆氏が文藝春秋の覇権者になってしまった。文春はますます私たちとは関係のない世界になっていくわけですが、そしてそのことを強く予言しているのが、私と渡部さんとの第1章の対談なんで、読者の皆さんはぜひこの点を意識して読んでください。

文藝春秋は『諸君!』があったことで、朝日VS.文春という構図が生まれていたわけですが、朝日VS.産経に変わり、その産経すらも変質し始めているのがいまの言論状況です。私たちもの書きは「言論の自由」ということに関してはものすごく神経質で、ピリピリしています。朝日新聞の敗戦国文化に対して背筋を張ることできたのは、文藝春秋には『諸君!』があったからだと私が言いましたら、渡部さんがそのとおりだとおっしゃった。文藝春秋と新潮社との違いがあったのは保守系言論人を囲いこんでいたから、文春には一本背筋のとおったことが成立していた。ですから文藝春秋の役員には『諸君!』経験者が多かった。そこに新潮社との違いがあったとみていた。で、私がこのままでは文藝春秋は危ないですね、という発言をしております。するとと渡部さんが、いまでもはっきり覚えているのは、真珠湾攻撃の総指揮官であった淵田美津雄の手記が掲載されたことです（註・『諸君！』ではなく『文藝春秋』）。まだ昭和二十年代でしたが、その手記には「三百何十機という戦闘機を引き連れて朝日を浴びて真珠湾に向かいながら、よくぞ日本男子に生まれけり、これで死んでもいいという気持ちになった」というようなことが生き生きと書かれていた。あのような手記をどんどん掲載する雑誌というのは、当時日本にはありませんでした。（本書19ページ）

それに続く私ども二人の対話は以下のとおりです。

西尾　当時は『文藝春秋』の部数は毎号一〇万部ずつ伸びたと言われていますね。

渡部　そして、七〇年安保に対する憂いから『諸君！』が創刊された。そのときの『諸君！』のスタンスは反左翼、とくに反ソ連でした。

西尾　反文化大革命もありましたね。

渡部　そう、それもありましたね。しかしソ連が解体し、鄧小平以下の共産中国が市場経済を標榜し始めると、その対立構造がぼやけてきた。自民党がだらしなくなったのと同じように、『諸君!』も何と喧嘩していいのかわからなくなったというのがあるのではないかと思います。
そこで大事なことは、ソ連解体や、中国がカネ儲けに奔走するようになったあとでも、喧嘩する相手は依然としてあるということです。つまり、対立軸はある。それは東京裁判史観の範囲内で言論を続けるか、これを破ろうとするかということです。

西尾　そう!　それです!

渡部　しかし、『諸君!』からはその対立軸が弱まったという印象がありますね。

西尾　(前略)朝日新聞やNHKの報道が公的意見としてあって、それにジャブを入れる在野の精神の自由で伸び伸びとした存在である『文藝春秋』という構図があった。ところがその『文藝春秋』が、NHKや朝日新聞に近づいてしまった(後略)。(本書19—20ページ)

衛生無害な空っぽの文春。そして対話はこう続きます。

西尾　(前略)渡部さんが言われたように、『諸君!』にしても『WiLL』にしても『正論』にしても敵がいないわけではない。敵ははっきりといるのですよ。日本国家を自立させるという目的の邪魔になるものは、敵です。日本はある意味でまだ属国ですから、「独立」という目的を掲げて、反米でもなければ反中でもなく、親日だという筋を一貫してとおすスタンス、主張は厳としてあるのです。
渡部 その対立構図が見えなくなった人が、文藝春秋の主流になったのではないか、という印象を受けます。
西尾 そのとおり。
渡部 いまの文藝春秋が半藤一利氏の色が強いのはたしかです。半藤氏は辞めてからのほうが文藝春秋に影響力をもっているらしいのはなぜか、不思議です。
西尾 私はそれを「文藝春秋のビンの蓋」と言いました（笑）。
渡部 （笑）。半藤氏は特別に部数を伸ばした編集長でもないのに、それがどうしていまの文藝春秋に影響力をもっているのかは謎ですね。（本書21―22ページ）

あとは本書をお読みいただくとして、このように実にいろいろなことが述べられているのでありますが、文藝春秋の巻頭言が立花隆なんていうバカバカしいことはありはしない。彼は「臨死体験」を書いていますが、人間に死後のことがわかるはずはない。インチキな知性なんですよ。お釈迦様とケンカする気ですか。そんなことは人類の歴史のなかで結論が出ているんですよ。死語の世界がわかるというようなことをいうのは偽物の知性なんです。三流の知性なんです、さらに科学的にそれがわかるなんていうのは、出鱈目《でたらめ》もいいところです。

かつてニューヨーク同時多発テロが起こったとき、立花は日本の戦時中の神風特攻隊をアフガンテロと同一視し、ハッシッシ（麻薬）をかがされて若者が死地に追いやられた点では同じなんだというようなな意味のことを得々と語っていました（『文藝春秋』二〇〇一年十月緊急増刊号）。条件も情勢もまったく違う。こういう物書きの贋物性が見通せないのは文春首脳部の知性が衰弱している証拠です。

だから木俣さんがGHQを断ったというのも文春が立花隆に舵《かじ》を切ったことも、この十年のあいだに起こった出来事で、その直前に渡部さんとのこの対談があったのです。

朝日VS.文春という構図で、朝日が慰安婦虚偽報道以来、いまの「モリ・カケ問題」を含め情けないほど衰弱して行ったのは、野党らしくない薄汚いプロパガンダ新聞社になってしまったこと、前からあった欠陥がいっそう激しく露呈しだしてきて、文春はどんどんその朝日に吸い込まれるかたちで、たぶん似たようなものになってくる。で、私はもう産経も同じことになっていきはしないだろうかとひどく心配している。

少し思い切ったことを言います。私は産経に育てられた人間です。コラム「正論」欄は一九八〇年代から書いています。その私が最近憂慮している。いまの産経は自民党批判が書けません。安倍退陣論はますます書けません。皇室はタブーです。保守知識人同士の論争をいやがります。日本会議や国基研（国家基本問題研究所）への疑問を書けません。そういうことやっていたんでは新聞は必ずだめになりますよ。そして、文春が『諸君！』を失ってだめになったように――これは渡部さんも言っていたことですが――産経も「正論」路線がなくなったら、産経新聞社は消えてなくなる。

いまの「正論」路線はほとんど消えてなくなりかけています。その理由を言っておきます。これはあえて強調しておきますが、コメントを書く「正論」メンバーの人選をみていると、「正論」路線とは関係のない人が選ばれていて、「正論」らしくなくなってしまっている。もし「正論」が昔の保守精神を受け継いでいる流れであるならば、私の周りに集まっているような知的で果断な人士、私よりも若い人たちが「正論」のコラムメンバーにどんどんなっているはずです。私の周りにはそういう多士済々な人たちが集まっているんですから。

選ばれるべきは言論人であって、大学教授イコール言論人ではない。自分の文章が書けない大学教授がごまんといる。こんなことをやっていると「正論」大賞も人材がいなくて先細りするだけでしょう。

私は「路の会」という勉強会をやっていて、たとえば宮崎正弘さんや小浜逸郎さんや東中野修道さんや桶谷秀昭さんや黄文雄さんや高山正之さんや加藤康男さんや渡辺惣樹さんや福井義高さんや江崎道朗さんや樋泉克夫さんや藤井厳喜さんや潮匡人さんや杉原志啓さんや石平さんや岩田温さんや田中秀雄さんや倉山満さんや渡辺望さん、あるいは宮脇淳子さんや呉善花さんや河添恵子さんや福島香織さんや川口マーン惠美さんのように本を何冊も書いているレベルの高い人たちが集まっていますが、やはり「正論」メンバーにはほとんど選ばれていない。文春と同じことを産経は歩みつつあるんです。

渡部さんとの対話で私は終わりのほうでこう言っています。

私たちが文藝春秋の噂をすることもこれで最後になるかもしれませんね。『諸君!』がなくなったら、あの会社は言論界と無関係になりますから。（本書48ページ）

正に文藝春秋における今日の自滅を予言していた言葉です。同じことが産経についても言わないで済むようであればいいがと思っています。

三　教育の自由化をめぐって

長所というのは、またその人の弱点と重なっております。かくいう私もその一人でありま す。渡部さんのもっている長所も弱点と一体化していると言ってもいいと思いますが、そうい う意味では渡部さんはたくさんの人間らしい弱点もある代わりに大きな長所を備えた論客でも ありました。性格は明朗で、聴き上手で、話題が豊富な人でした。何と言っても明るいという のは渡部さんの人気の秘密だったのではないでしょうか。非常にポジティブで、まったく裏が ない。渡部さんと対談をしていてそのことを強く感じたことがたびたびあります。たとえば、 教科書問題についてです。

教科書の検定に同和研究団体が検定のメモを提出していて、その歴史的状況――つまり国内 差別の問題について訂正を求めたり、不平等に対して抵抗することはわかるのですが、そうで はなくて教科書のすべての記述にかんして、同和が採点している。つまり同和研究団体の意思 どおりに採択しないさいといって、影響力をふるっている。これは驚くべきことであり、許さ れないことです。私も渡部さんも非常に強い怒りをもって、越権行為だと批判しました。しか し渡部さんはこうした状況に対しても悲観的になることはありません。さらっと言ってのけて片づけてしまいます。私も渡部さんの明るいご性格には非常に勇気づけられました。本当にそうです、渡部さんはケロッとしているところがあって、それがいいところです。

それから渡部さんらしいレトリック、こんなレトリックはほかにはないだろうという例があります。

最近「戦後補償」という言葉がよく聞かれますが、言葉の表現としてはおかしい。戦前に補償するわけはないし、戦争中に補償するわけもないから、補償といったら戦後に決まっている。戦後の補償は必ず講和条約の締結で解消されるはずですから、日本はそれを約半世紀前にみんな済ませている。旧ソ連とか、済んでいないところが若干ありますが、それは向こうが悪いからできないだけの話。

> にもかかわらず、戦後補償というとんちきな話が半世紀後のいま生じた本当の理由は何か。それは日本に社会党があるからです。その代表者がトンちゃんというのは言い得て妙だけれども、ああいうとんちきの党がなければ、騒ぐ連中もいなかった。（本書104ページ）

正面切ってこういうことを平然と言ってのける渡部さんのからかうような図太いものの言い

方、面白いレトリックが読者受けするひとつの理由なのでしょう。これは決して悪いことではない。これはそっくりそのままいまの野党にも差し上げたいくらいですね。

しかし先ほど述べたようにひとつの長所はひとつの弱点でもある。渡部さんは定着するまでは同じことを何度でも繰り返し言います。たとえばマッカーサーの上院軍事外交共同委員会における日本の戦争理由は主に防衛だった、という発言は、渡部さんが何度も言うので、つくる会の歴史教科書のコラムにまで載るに至っています（笑）。そして歴史として自己主張をしはじめている。同じことを繰り返し何遍も言うというのは渡部さんの教育者としての側面とも言えるでしょう。けれども私のような人間には、それがくどいように感じられました。発見の驚きを欠く。言論が新鮮さを失う。つまり、ある種の表現の単純化、図式性によって大衆化させることに役に立ってはいますが、レトリックの美しさを追求する文学系の人にとっては、陳腐に陥ると思えるきらいがないわけではない。

また渡部さんは世間の耳目を集めるのがうまい。たとえば、学歴の低いことに悩んでいる人が多いと分かると、これからは学歴の時代じゃない、実力の時代であり学歴に囚われている場合じゃないと説き、一面真実を突いているのですが、その説きかたがルサンチマンを掻き立てるようなところがある。そしてそれがともすれば、時代迎合というか大衆社会に対する阿《おもね》りになりかねないように見えることがあるのです。私などはそれが嫌いで、最初に問題の価値を設定するとき、いち早く反俗物性、というか貴族主義的精神というか、そういうものの一本筋をたてておいて生きていくのが人間であるという思いがあります。いまでも歳をとっても変わらない価値観です。反時代的と言ってもいいでしょう。渡部さんはそういう方向への心の傾きがあまりないように見えました。

影響を受けモデルにしているのがイギリスの知識人で、大陸の知識人ではないという違いもあるかもしれない。周知のとおり私はニーチェだとすれば、渡部さんはフランシス・ベーコン。そういう違いがあるのかないのか。私が若いころベーコンについて書いたことがあるのですが、渡部さんから電話がかかってきて、西尾さんがベーコンを好きだとは思わなかった、嬉《うれ》しいと言われたことがあります。渡部さんはニーチェやショーペンハウアーやキエルケゴールなんかはあまり読まないのではないか。イギリスの知識人の系譜と言えるのかどうかはわからないですが、そういった違いがあるのかもしれません。

また、孤独という価値観を私はプラスに解するのですが、渡部さんはネガティブに否定的にとるのではないか。いずれにしても、渡部さんがわかりやすい平明な言葉で物語ることによって読者をつかむのは上手だったと思いますが、どうしても私にはそれが食い足りない。私も単純化し図式化はするのですが、渡部さんとは少し違う。ひとつの方向を正しいとするときにその逆の方向も射程のなかに入れ、相対化して自分の思考をできるだけ固定化しないようにした。もちろんそう心掛けただけで常に成功しているわけではない。ただイデオロギーを嫌った。単純化するよりは複眼で物事を見るべきだといつも言ってきたのはこのことに関係がある。渡部さんとの違いがあることをずっと私は感じていました。ところが、大きな、たとえば、共産主義に対するメディアの曖昧《あいまい》さに対する批判、あるいは日米戦争におけるおかれた運命の悲惨に対する日本人のけなげな戦いへの称賛の気持ち、そういう一本筋の通ったラインにおいて、私と渡部さんは価値観を共有していました。このことはおそらく多くの読者も納得していただけることでしょう。

さて、そうした二人にもかかわらず、面白いのは第2章に扱った、教育論です。これは本書の八編のなかで、もっとも典型的に立場を異にする正反対の見解を互いに譲らずに主張している珍しい一編だろうと思われます。それには当然理由があって、いまから二〇年以上前になりますが、中曽根教育改革を遂げるべく臨時教育審議会（臨教審）というのが開かれました。それに渡部さんは専門委員というかたちで参画していました。PHPを中心とする企業知識人、未来学者の香山健一氏とか、通産省の天谷直弘氏とか、経済学者の加藤寛氏などがそうで、その人たちは「教育の自由化」ということをしきりに唱えていました。当時私は不思議なことにそれに反対する陣営に立っていた。臨教審の中間報告や答申が出るたびに、反対者として必ず私が一筆書くという役割を、長い年月のあいだどういうわけだか果たしてきました。ずっとその記録を毎日新聞が引き受けてくれた。そのときの文章も全集にすべて収録（第8巻Ⅲブロック）されているのでご承知の方もいるでしょう。そして、中曽根臨教審のあとに、第十四期中央教育審議会が開かれ、それがアンチ臨教審だった。すると今度は私がその正審議委員になって、教育の自由化に反対する答申を書くという役割にまわります。つまり、「教育の自由化」をめぐり渡部さんと私は終始反対陣営にいたわけです。

ここで少し話を教育専門的ではなく、日本社会の大きな枠組みに転じてお話ししたいのですが——これは本対談を読む前の常識として理解しておいてほしい——日本の明治以来の国策のなかで、国鉄、義務教育、そして郵便行政、この三つは大きな国家を支える柱でした。しかし同時に、動脈硬化をきたしていたのも事実です。それで民営化ということがしきりに唱えられて、中曽根民営化が国鉄の解体に向かい、小泉民営化が郵政の解体に向かった。前者はまがりなりにも実現しましたが、後者は失敗した。これは読者の皆様が過去のニュースのなかで知ってのとおりです。

もっとも、中曽根国鉄解体は成功したといっても、疑問なのは巨額な負債が積み残しになって、しかもその利息すらいまも国民の税金から支払われているということです。儲かっているJR東日本、西日本、東海から、吸い上げているわけではない。財政的には重荷になったかたちのままで、しかも一方小さい地方の鉄道はどんどん解体してしまって、地域的には不便と不幸が過疎地にしわ寄せになっている。あるいは北海道の鉄道は全線が危殆《きたい》に瀕《ひん》している。儲かっているのはJR東海と東日本、西日本だけである。国鉄の民営化は必ずしも成功しているとはいえないけれども、まがりなりにも実行したために、中曽根の株があがった。一方、小泉さんはその真似をして郵政で大失敗したのは見てのとおりです。

つまり、ことほど左様に国家の基幹をなすような大組織を民営化すればうまくいくと思うのは、ものによりけりだし、民営化という競争の原理がありとあらゆるところに適応できるとは限らない。解体して小さく分けて互いに競争させればうまくいくというイデオロギーでメスを入れたのが国鉄解体で、同じことを義務教育にやろうとしたのが、「教育の自由化」でした。誰がみても無茶な話です。これまでの学校体系だった小学校をなくして塾を学校にしろ。あるいは学区制を排して、通学区域外のどこの学校へも入れるようにせよ。公立学校の解体です。私立学校万歳、公立学校解体。じっさい時代がその方向に流れているのは事実で、私立有利になっているのも事実です。たとえば、イジメをなくすためには通学区域の強制化はマイナスでしかなく、自由の風を通すのはいいことだという考えにはもちろん一理ある。あのころからdeschooling、脱学校、学校が健康を生み幸せを保障した時代は終わって、不幸と不運を引き起こす張本人だろうとされる考え方が出て来ました。そのために学校からの離脱が喧伝されるようになった。

　これはミルトン・フリードマンという経済学者の自由競争万歳の思想、マーケットの自由化からきた思想に影響されています。たとえば、食堂とかレストランの規制というのは、衛生の管理を規制するだけでいちいち食物の中身を監督するわけではないから、それぞれの良識にしたがってレストランは運営されていくわけで、不味いものをつくったり、食べたら下痢をするようなものを出せば店は潰れる。だから良識にしたがっていけば、規制なんてしなくてもうまくいくのだと。レストランの規制と同じ程度に学校教育も規制から解放しろと。これがフリードマンの思想なんですが、同様なことを日本の教育界も言いだした。それが「教育の自由化」ということです。

　たしかに細かい規制がいっぱいあり過ぎます。学校をつくるにはどれだけの広さが必要であり、人口との対比があり、複雑な規制があって私立学校も簡単にはつくれない。ことに私立小学校の新規参入がむずかしい。規制を撤廃して、一〇人規模の塾なら塾で小学校にしていいのだと、あまりにも公教育が行きづまっていたために、そしてまたちょうど黒柳徹子さんのトットちゃんを理想とする風潮でもありました。その旗振り役が渡部さんで、それを止めたのが私の役割でした。常識に帰れ、と。公教育というものの規制をなくしてしまって、企業のように自由競争にさらす。うまくいけばいいけれども、そうじゃないときの子どもの精神や保障はどうするのか。どうにもならない、戻ってこないのだから。天谷直弘氏との対談の際に、氏は「リンゴを選ぶことができるのに、学校を選ぶことができないのはおかしい」と言われたが、私はそんなばかなことはありません、とすぐに反論した。リンゴは値段に差がつくことで、公平になるけれども、学校に値段をつけて小学校から入学試験を設けて損得で進路を決めて、それが子どものためにプラスとなるのか（西尾全集第13巻追補一、『中央公論』一九八五年四月号）。当時は常識に反することばかりが喧伝されました。学校の先生になるのももっと簡単にしろといったたぐいの議論もその中にあります。

むろん、現実には不公平なことが起こっている。運のいい予備校に入った都会の子とそうじゃない地方の子とは与えられた環境が違うわけですから公平ではない。だけれども公平であるということが前提にならないかぎり精神は安定しません。それが論争の発端でした。私は前提として受験戦争があるいまの日本社会が、その現実を無視して、自由競争を煽り立てるのはおかしいと言い続けました。

自由競争は大学教授と大学間競争を活発にさせるのが筋で、上のほうは競争を閉ざして、特定の大学が優秀な学生を独占するように固定化しているのに、下のほうは小学校受験をさせる事態になっているのはおかしい。事実、明治時代には小学校に卒業試験がありました。そんな常識に反することをやってはならないだろう、と私はがんがん言いました。

一見私は文部省（現文科省）の立場でした。渡部さんは私立の立場です。以上の私の説明を前提にして二人の対談をここであらためてお読みいただければ、あの時代に何が起こったかがよくわかると思います。いま私がここで言っているのは、渡部VS.西尾の人生の極めてティピカルな対立点が教育問題であったということをわかりやすくするためにお話ししているつもりです。ただし、誤解なきように言っておかねばならないのは、渡部さんは単純な私学の自由化論者では決してなかったということです。

「大学教育をあつかう第四部会にしても、自由化というよりも、私立大学の経営者たちの都合のいいかたちにまとまってしまった。私大の多様化、自由化をいうのなら、文部省から私学助成金などをもらうことはあってはならないことです」（本書53ページ）

と彼は言っています。

つまり、私大の学長たちは集まると文部省からいかに助成金を貰うかに議論が終始しだすわけです。これは結局文部省の大学支配を強めることになる。ですから渡部さんはしまいのほうでこう言っています。

「文部省は助成金を出すことによって、これまで干渉できなかった私大に口出しできるようになった、いわば権限が拡大したわけで、これを縮小しようとは考えたくないんです。そのため、いまや私大が官立化、官僚化しています」（本書53―54ページ）

渡部さんは臨教審の議論が思わぬ方向へいったことを遺憾としているのです。そうなるのを苦い思いで見ていた。健全な「私学の自由化」の範囲のなかで、「私学の精神」の健全さを訴えたかったと理解することができます。

渡部さんは過激なことも言ってますが、むちゃくちゃなことは決して言っていません。私も渡部さんと同じ考えで、文部省のやり方はよくないと思います。結局臨教審は何も生まないまま終わりました。その直後に大学審議会というのが生まれ、慶応大学の塾長の石川忠雄氏がそのトップになって、大学設置基準緩和という話になった。これはどうやら文部省の既定方針で、そのために教養課程が廃止の方向に向かい、大学を経営体として考える合理化が進められました。かくて国立大学が一段と無力化した。だんだん学問の府ではなくなり、経営基盤がない大学は潰してしまえというとんでもない方向へ行ってしまった。結局飲食店と同じように扱えばいいというフリードマンの思想を歪《ゆが》んだかたちで引き受けて、戦後たくさんできた国公立の新制大学を結局潰してしまえという考えに傾きます。無競争状態にして国立八帝大だけを浮かびあがらせるような政策に切り替わっていく。これは役人たちがそんなふうにあらかじめプランを立てていたとおりになっていく。何のために臨教審をやったのかわけがわからなくなっていく。日本の教育はいま本当にだめですね、ますます酷いことになっています。私たちが論じたときよりもいまはもっと教育は複雑で脆弱になっています。東大法学部に入ってエリート官僚になった人間がセクハラ問題で失脚する。教育のむずかしさが一気に噴き出した感があります。私はこう述べています。

大阪の「毎日新聞」が灘高校を連載であつかっていました。取材した記者から聞いたことですが、大阪には灘高に入る塾があって、だいたい小学校二年くらいで入ります。そしてその塾で知り合った友達が、灘高、東大医学部と進んでいくわけです。だから小学校二年で知り合った者が東大まで一緒だというんです。塾から机を並べて育った子どもたちを追跡調査してみると、自殺者もいますし、途中で脱落した者もいます。もちろん、エリート官僚になっている者もいるが、そうした青年たちが立派な青年として育たなくなっているというんです。エリート青年の幼児化現象が目立ちます。短期記憶競争みたいな受験競争は、清朝末期の科挙みたいに無意味なことになってきて、創造性や独創性を子どもたちから奪うようになったせいではないかというんです。ですから、幼いうちから過度の知識競争させるのはよくないんですよ。（本書69ページ）

この章ではわれわれは非常に大事なことをたくさん論じ合っていますので、読者の皆様はどうか丁寧に読んでください。渡部さんと私とは当初対立しあっているようにみえて、そのじつ教育を深く憂慮する同じ場所に立ちつくし、悲しみをもって呆然《ぼうぜん》としていたというのが実態に近いでしょう。

四　日本とドイツの運命論的対比

第三番目に並べたのはドイツの戦後と日本の戦後がテーマです。読者の知ってのとおり、ドイツは渡部さんにとっても縁の深い国であり、私も日本とドイツの比較は若いころからたびたび論じてきたテーマです。日本とドイツあるいは日本と西洋の価値意識の相違点は、比較文学、もしくは比較文化論的な観点からいっても非常に複雑で微妙な問題点をたくさん孕《はら》んでいる。文明の西から東、ヨーロッパから日本への受容の問題でもあるし、日本と西洋との対立点の問題でもあるし、日本が西洋からどのように自立するかという精神の自立の問題でもある。それからまた、戦争の観念――第二次世界大戦において日本とドイツは違った戦争体験をしているのに同一視する世界の動きに対してどう抵抗していくのか、という問題でもある。しかし、じつはそれらに対して私と渡部さんの立場は当初考えていたよりもずいぶん違っていたのです。これは今回の対談集を出すにあたり原稿を読み返して改めて気づいた点でもあります。

日本があの大戦でドイツとは違った体験をし、違った戦争を展開したことに対して、戦前も戦後も日本人はかなり自覚的であった、というのが私の見解です。とくに私が『異なる悲劇 日本とドイツ』で主張したように、当時の日本人は戦争の初期からむしろドイツとは違う戦争を戦ったという自己認識をもっていました。だから微妙さを知っている。日本の場合、戦時内閣の二人の閣僚が総理大臣になっているとか、反対に今度は右翼の旗振り役的な指導者が戦後左翼の知識人になったり、きわめていい加減であった。それを日本人の「主体性のなさ」あるいは「無責任さ」と罵《ののし》ったのが丸山真男以下、戦後の左翼知識人ですが、私はそうは思わなくて、あの戦争の微妙さ、参戦した両国民の動機の違いの微妙さを知ったゆえのことだと理解しています。

それに対してドイツ人が私にとって理解できないのは、戦後ナチスに対する厳しく、一方的で、すこぶる観念的な断罪です。

私はこう書いています。

現在のドイツ人の旧ナチズムに対する厳しい断罪の仕方というのは、私はよく理解できない。ナチスに心酔して手を汚したのは、いったいどこの誰だったのかとドイツ人に聞いてみたい。（本書86ページ）

日本人は戦争責任に関してはいま言ったように微妙さを知っていたので、戦争指導者と自分とのあいだに深い溝、断絶はない。戦争指導した人が悪で指導された人が善だとは必ずしも思ってない。天皇の存在が大きかったのだと思いますが、国民は共同体意識で一体化している。君臣一体の秩序で戦争に突入したので、指導者と私たちのあいだに一線を引くことなどできない。ましてや弾劾したりなどできない。あからさまなケースは違うとしても、一般的には簡単にはそうとは言えないということがわかっていた。つまり、国民のみんな責任があると言えばあるんだし、ないと言えばない。

日本人が指導者と国民のあいだにはっきりとしたラインを引かなかったということは、国民が、日本とドイツがした戦争は違うということを本能的に直感しているからではないかと思う。(中略)

日本の場合、戦争責任者について、どこでラインを引くかということは非常にむずかしい。だから、日本独特の、ラインを引かない哲学によって、国民を分裂させないで済ませてきたことは、じつは幸いなことだと思う。日本はこの危機を乗り越えたと思うが、ドイツはこれから戦争責任の問題が、大きな問題になってくると思う。(本書88ページ)

私たち日本人は自分たちにも戦争への責任があることを感じていた。一億総懺悔《ざんげ》という言葉が戦後の早い時期に一般化していた。だからこそ指導者へ苛酷なことも言えないということを知っていた。しかしドイツ人はそうじゃない。

ドイツ人は自分の国のことを、まったく他人のことのように冷淡に言う。（中略）平気で自国の歴史を否定するんです。これはドイツが戦後生きるためには必要な措置でした。（中略）

そうではなくて、ナチスは悪かった、自分たちは悪くないと本当に信じている。ドイツ人は今も一部の指導者が悪かったと本気で信じるような、硬直した頭脳と、一種の図式主義で生きているんですよ。（本書89―90ページ）

つまり、無責任なのは日本人ではなくドイツ人のほうなのです。私はここにドイツとの関係や西洋との関係で大きな矛盾を感じ、丸山真男理論に対しても疑問をもってこの問題に対応してきたつもりなんですが、不思議なことに渡部さんにその自覚がない。問題意識がほとんどない。このことを今回読み返して気づいたのです。

じつはここまで引用してきたのは本書第3章の小見出し「指導者の責任ばかり問うドイツ

人」からの抜粋で、五ページにわたり終始戦後ドイツ人のこの自己欺瞞の問題を問うている私に対し、渡部さんはそれには答えず、ナチスドイツにのみ戦争責任を押し付けることはできないこと、渡部さんの付き合いのあるドイツ人で酒に酔ったりしたときにナチスの悪口を言う人はいないこと、しかし外国からの批判がすさまじいのでそれをそらすためにナチスを利用していること、ナチスのせいで外国に肩身が狭いためナチス残党への追及は厳しくなり、これに時効を求めなかったことは大きな間違いであったこと、などを言い立て、私とは議論が嚙み合っていません。なおも私はその問題を問うのですが、「トーマス・マン」ブームやアウシュヴィッツと南京虐殺との比較、歴史教科書問題と話は別の方向へどんどん転じました。そこでしばらく間を置いて、あえて私は次のように再度同じ問いを投げかけました。

最近、ヨーロッパでは、ハイデッガーがナチス党員だったと話題になっている。ハイデッガーは最後まで党費をきちんと払い、ナチスの思想に忠実で、積極的な党員活動をしていたと論証した本が出ました。で、こう考えるべきでしょう。ハイデッガーは最後までナチス党員だった。そして、同時に偉大な哲学者であった。これが両立するということは、ドイツ人が戦後続けてきた自己欺瞞が問われているんです。ところが、日本では、指導者と国民のあいだに一線を引かなかったことで、国民の統一を守り、自己欺瞞を起こさずに

済んだということは、正直言って幸いなことだと思うんです。（本書98ページ）

ここでようやく渡部さんが私の質問を理解してくれて、「それを象徴的に示したのが、昭和天皇だった。戦前、戦中、戦後の天皇が同じだったというのは、日本にとってよかった」（本書98ページ）と答えてくれてホッと安心したのを覚えています。

渡部さんがこの問題をずっと理解しなかったということは、私の渡部さんに対する不満であり、批判点でもあります。というのは日本人が比較文化論的に西欧文化に対して抱くコンプレックス、立場が曖昧模糊《あいまいもこ》としており自己を明確化できないといった批評は、日本人のある意味では追い込まれた現実でもあるが、他方、創造性につながる強さでもあると一転して言えるからです。それはどのように説明すればいいのかむずかしいのだけれども、私たち日本人が生き延びてゆく生命力というのはそのあたりに宿っているのだと逆に考えなくてはいけない、と私は思っているのです。そこのところが渡部さんは気づいていなかったし、対話にならなかった。

そしてそのはっきりしない点をもうひとつ裏側から言うと、この対談の冒頭で渡部さんが語ったテーマ――統帥権干犯の問題があります。これは渡部さんが論題として絶えず持ち出している愛好のテーマです。日本が泥沼の戦争にはまった根本原因とするのはこの法律上の不備に繰り返し立ち戻ります。

昭和五年、潜水艦や駆逐艦を制限するロンドン軍縮条約が締結されたときに、重大な問題が起きた。憲法に規定されていない内閣の代表が、国際会議の場で、憲法に規定されている軍を制限する約束をするのは、憲法違反ではないかと軍部によって指摘されたんです。「統帥権干犯」という表現で内閣が指弾され、浜口雄幸首相はピストルで撃たれ、代わって幣原喜重郎が代理首相になるが、何もできない。それ以後、満州事変が拡大し、三国同盟にしても、内閣が反対しても陸軍がやると言えば実現してしまう。そのまま、日本はあっちへフラフラ、こっちへフラフラして戦争に突入してしまうわけです。（本書81―82ページ）

渡部さんは日本の戦争の正体はこれでピタッととらえたと思っているんです。歴史にこういう面があったこと、憲法の不備がこういう混迷を引き起こしたことは事実だと思いますが、それがすべてで日本人が全面的にだめになった唯一の理由だと言えるのだろうか。ところが渡部さんのこの話の行き着くところはじつに驚くべき方向に転じ、次のような思ってもいなかった結論に帰着するのです。

以下は本書収録の対話ではありません。渡部さんの主著のひとつからの引用です。やはり同じように統帥権干犯の話題から始まって後のスピーチに火が点いて、話がどんどん進み、あらぬ方向へ結論が辿り着いてしまった一例です。

昭和五年に出てきた統帥権干犯問題は、あたかも広がりゆく癌細胞の如く、日本の政治機構を確実に侵してきて、ついに統帥部そのものまで動かなくしてしまったのである。いわば、国家の統治機関の骨髄にまで病巣が及んだ形になったのだ。

これを治癒させるには強力な放射線治療しかない。日本国民にとって、特に広島や長崎の人々にとって、まことに不幸なことであったが、まさにその強力な放射線は原子爆弾によって与えられたのである。(『渡部昇一「日本の歴史」第六巻　昭和篇　自衛の戦争だった「昭和の大戦」』ワック)

私はここまで読んできてオヤオヤと思いました。何か変だな？　渡部さんはひとつのことにこだわり、どんどん展開しているうちに、思わぬ陥穴に落ち込んでしまったのではないか。いうまでもなく、統帥権干犯の問題と原爆投下は別問題です。これではまるで憲法の欠陥のために原爆を落とされても仕方がなかったと読め、非論理的であるだけでなく、アメリカを擁護しているようにも誤解されかねない。否、アメリカでさえ、日本の法律が間抜けだから原爆を落とした、という論を立てる人はまずいないでしょう。もちろん渡部さんは広島・長崎への原爆、ならびに東京大空襲といった民間人を狙った非道に対し激しい怒りを同書のなかでも示しているので、アメリカを擁護しているわけではないのですが。ただ、それでも私は初めてこれを読んだとき余りの不用意さに唖然としたものです。

渡部さんは広範囲に及ぶ他の著作のなかでも日本の開戦の原因を決して単純には捉えていません。周知のとおりエネルギー問題、ブロック経済問題、人種差別問題などの日本が圧迫された「負」の原因を多面的に取り上げておられました。しかし日本が戦争以来、責任主体がどこにあるのか分らない方向舵喪失に陥った原因はもっぱら統帥権干犯問題にあり、西洋輸入の近代法の未消化・未成熟の過誤にあったとしてかなり厳格に断定していたこともまた事実であります。

統帥権干犯問題は仰せのとおり日本をあっちへフラフラ、こっちへフラフラさせた根本原因といえるでしょうが、わが国が諸外国から圧迫された「負」の問題では必ずしもないといっていいでしょう。これは日本自身の問題、近代化・西洋化の体質の問題、近代法移入における日本の独自性にもつながる世界との不調和要因——戦争の原因でもあった——に深くかかわるテーマでもあるのではないでしょうか。つまり統帥権干犯問題は、結果としては日本の政治の失敗面を露出させましたが、いま原因を振り返えってみますと、法以前の日本的了解の根の深さ、失政に陥らざるを得なかった過失のうちに、日本人に特有の「正」の側面がまるきりなかったといえるのかどうかには疑問があります。私が先に日本人の戦争理解とドイツ人の戦争理解の間に横たわる溝の深さに言及したときに渡部さんが関心をしめさなかった、というあのテーマにも関係してくるように思うのです。つまり、指導者と国民の間にくっきり一線を引いていたドイツと一線を引かなかった（あるいは引けなかった）日本的曖昧さ——日本人の生命力や創造力につながる——の奥深くに蔵されている運命的原因にどこか関わってくるように思えてなりません。

私は渡部さんと統帥権干犯をめぐってここで深い討議を交すべきでした。それを逸したのは私の責任ですが、彼も迂闊だったのです。

渡部さんの最初の問題の立て方そのものにも原因があったのだと思います。前にも申しましたが、善か悪か、あるいは正か否かの問いを立てる際に、一元化せず、両方の立場を相対化し、自分の内部で対立をドラマ化し、相克させる思考の手続きが瞬時にして必要なのですが、渡部さんは大抵の場合それをしません。思想の一元化が走りだすと止まらなくなってまっすぐに展開するのはそのためです。統帥権干犯や前にも述べたマッカーサーの上院での発言などのテーマはいったん火が点いたら止まらなくなるお好みのテーマでした。

歴史叙述には単線化は叙述にはずみをつけ、高揚感を与えるためにあるていど必要であり、渡部さんは時事評論ではそれを大変に上手に使い、話術の妙技を披露されましたが、少しそれが多すぎたのではないでしょうか。

五　「中世」をどう考えるべきか

最後に冒頭の「本書を読み始める前に当たって」で予告したとおり渡部さんと私の「中世」に対する見解の相違について記したいと思います。これは違ってたっていいし、渡部さんが間違っているというのではありません。歴史を考えるうえで非常に重要な問題なので、あえて違う点を指摘しておいたほうがいいと思うのです。渡部さんはアメリカには「中世」がなかったと言います。もちろんこれもひとつの見識です。

アメリカには中世がなかったということです。アメリカに移民したのはピューリタンですから、プロテスタントのいちばんラジカルな人たちでした。彼らは「中世は悪いものだ、暗黒時代だ」と決めつけていたので、過去をぜんぜん見ない。それによって何を失ったかというと、中世一〇〇〇年のあいだの智恵と知識、それがすっぽりと抜け落ちた。中世は悪いものだとしているので、必要とあらば手本はギリシャ・ローマになります。ですから建物もゴシック建築はなく、みんなギリシャ・ローマふうです。

ギリシャ・ローマを手本にして何をもってきたかというと、奴隷制度です。もちろんすでに中世ヨーロッパでは廃止されていました。

また、中世がないことのもうひとつの特徴は、騎士道がないということです。騎士道とは戦う場合、お互いが平等ということです。ですから、騎士道には勝ち負けはあっても、善悪はありません。ところがその伝統がアメリカにはありませんから、自分たちが勝手なことをしたいときに邪魔になるのが悪で、敵となる。（本書43―44ページ）

これは非常に重大な発言で、アメリカ史の一面を見抜いた面白いことをたくさん述べていて、これだけでも議論すれば一冊の内容になるほどです。渡部さんはアメリカに「中世がなかった」と言い、それはそのとおりなんですが、逆にしてアメリカは「中世そのものだ」という言い方だってできるのです。もちろんアメリカは近代国家であって、その代表のひとつでもあることは言うまでもありません。ただ「中世」の特徴を色濃く残した世界であったとむしろ見たほうがいいのではないか。

ヨーロッパの「中世」には明暗の二面がありました。「明」のヨーロッパ中世はアメリカには渡らなかった。逆にいうと「暗」の中世ばかりがアメリカを動かした。私と渡部さんは結局同じことを言っていたのかもしれませんが……。

私に言わせると、中世というのはホッブスが『リヴァイアサン』のなかで描いた、人間は人間に対して狼であるという苛烈な世界、その原野がヨーロッパ中世世界であり、そしてまた、西洋人が進出したがゆえに引き起こした血で血を洗うアメリカ大陸の新しい現実でもあった。その後遺症はたとえば銃規制ができないこと。

これは日本人にもいまのヨーロッパ人にも理解できないことです。宗教戦争の嵐のあとでヨーロッパではコモンウェルスという観念がでてくる。主権は民衆ではなくて主君にある。主権を主君が握ることによってその代わりカオス、混乱から、血で血を争う状態から救ってもらう。そうして国家というものが生まれ、警察というものが発生する。中世の末まで国家がなかったからヨーロッパには警察というものがなかった。ヨーロッパの中世というのは領地を城壁で囲ってそのなかで百姓は暮らしている。うわぁと遠くから敵の声が聞こえる。そうすると牛も羊も豚も皆いっせいに城壁のなかに逃げ込む。門を閉めて、城壁の上から大砲を撃って対抗する。なんというか中世は大変な社会、いつも身構えている社会。危ないんですよ、誰も守ってくれるものがない。何によって統合されていたかというと教会です。しかし教会は無力です。教会は自分だけを守る防衛力を具えていた。国家というものがまだなかった時代なので、いま言ったように警察というものもありません。私兵はあっても国民軍はありません。教会が国家であり共通語はラテン語でした。国家はなかったけれども「神の国」はあったのです。そしてその教会はくっきりと境界をもっていて、内と外、キリスト教世界と異教徒の世界、神と悪魔の世界を截然《せつぜん》と区別していた。しかもその境目は固定化していなくて、たえず動き拡大しました。

ひとつは伝道によって、力があれば力によって。キリスト教世界の拡大についてローマ教皇は責任と義務を負っていました。大きな政治だったんですよ、ローマ教会は。何をおいても異教徒の魂を救済するために自らを拡大しなければならないと信じられていたのです。外の人を救済するために自らを守らなければならないという不思議な精神論です。

こういう使命感は他を侵略する使命感でもあります。だから異教徒に対してときに力を示すことは許されている。聖アウグスティヌスの思想でもありました。そのための殺害・放火は罪一等を減じられる。十字軍の思想を準備しました。

四つの方法で中世ヨーロッパは拡大しました。ひとつはイスラエルの奪還、有名ですね、十字軍です。ふたつ目に北の十字軍、ドイツ騎士団によるポーランド、エストニア等への拡大です。三つ目にイスラム教徒がイベリア半島から追い払われたレコンキスタ、そして四つ目はアメリカ両大陸の発見と征服です。これらは全部「十字軍」なんですよ。これらはすべて神のために行う信仰上の運動でしたから、きわめて中世的だったと言わざるを得ません。

いまは「中世」をどう考えるべきかを話題にしています。

ヨーロッパの拡大は中世の拡大でもあった。ですから政治権力は国王が発動するんですけれども先頭に走って活動するのは常に宣教師でした。ドミニコ会とかやることはすごかったんです。それが海上に出て行ったのが、トルデシリャス条約であり、友誼線《ゆうぎせん》、フレンドリーラインということですが、この後者はどういうことかというとスペインとポルトガルの覇権の次の時代、イギリス・フランス・オランダが登場して、スペインも残りますけれども、ヨーロッパの内部と外部とのあいだに線を引いて、海上の取り決めを行ったものです。ちょうどスポーツと同じように内部ではルールを取り決めて外部で自由な戦いをやるわけです。しかし、そのルールを越えた外の世界は異教徒の世界ですから何をやっても構わない。旅の恥はかき捨てのような乱暴な考えが支配していた。たとえばアメリカ大陸にはすでにスペインの町が次々でき始めていましたが、そこをフランスが堂々と侵略する。なぜならフレンドリーラインの外、異教徒の世界ですから、何をやっても構わないというのがアメリカにおける植民地の自然状態だった。そういう意味で中世により近いのは、ヨーロッパよりむしろアメリカでした。植民者たちはヨーロッパで始まっていた母国ふうの近代化を嫌って中世的な多元性を憲法としました。

アメリカという近代国民国家はたいていのアメリカ人が考えるよりも深くヨーロッパという

過去に根をもっています。このような観点からアメリカの建国と発展をみていくと、注目すべきことが認められる。

ひとつは宗教的な性格であります。自らは「神の国」と意識されていました。古いヨーロッパを捨て新しい「神の国」をつくることが初期植民者の願いだった。アメリカは新しい国で無垢《むく》の国である。ヨーロッパは古い国で腐敗の温床である。そういうヨーロッパを否定して美しいアメリカをつくる。これがアメリカ人の理想でした。そういうアメリカが日本に襲い掛かってきたんですよ。日本だけじゃありませんが、しかし日本はもっとも手ごわい、未知の世界、どう扱っても構わない友情ラインの外側にある世界だった。そんなことは当時の日本人は考えることすらできなかった。

ただ私は、日本は最初にヨーロッパに触れて、イギリスが主導するところのいわゆる国際公法の秩序、坂本竜馬が非常に尊重した、「これからはピストルじゃなくて国際法で戦争するんだよ」と言った戦争の法律――ハーグ陸戦法規とかジュネーブ条約とかを「文明」として尊重して、われわれはその文明国のひとつになろうとして明治の人たちはみな努力し、よきヨーロッパ人になろうとしたのですが、どういうわけだか、十九世紀末から二十世紀初頭に新興国アメリカが出現してからうまくいかない。再びアメリカです。戦間期に何かがやられた。そしてアメリカは勝手にシナ大陸を温存するためにシナに味方して、何かというと日本をいじめにかかる。そういうヨーロッパの「文明」神話みたいなものを信じた愚かさが日本の歴史のなかに強く認められる。

いまでも従軍慰安婦なんていうとアメリカ人が偉そうにして、懲戒的観念でオバマまでが何か日本に言って、戦後日本に進駐したお前たちアメリカ人は何をやったんだと、われわれは腹が立つわけですが、トランプはそれを言わないだけまだいい。

渡部さんの言おうとしている「アメリカに中世が欠けている」という言い方ももちろん成立つと思う。中世というものを理想化している言葉なのであって、ヒューマニズムに富んだヨーロッパ中世、騎士道を言っていますね。そしてそれはたしかにアメリカにはない、だからアメリカは野蛮だという見方もわかるんです。ただし中世がなかったから奴隷制度をもってきたというのは一概には言えない。

私は日本が戦争に追い込まれた背景を考えてみるとこのように地球的規模で起こったドラマがあるので、半藤一利のように明治以降の騒ぎだけ言っていてももうそんな時代ではない、もっと大きな視野で歴史をみなければいけない、五〇〇年の歴史でみなければいけない。それこそカトリックやプロテスタントが何であったかというようなことも考えなければ解けない問題がでてきているというのに、いまだに戦後の進歩史観でしか頭が働かない人が戦後の民主主義に媚《こ》びて、そして多くの日本人がそこからまだ目がさめていないというのが、残念ながら現状だと言えるのではないでしょうか。

いろいろ語り合いましたが、渡部さんと私のあいだには同時代人の共通の基盤があり、本書はこの二〇年の言論界の主要テーマについて二人が精力的に声を挙げた、対話形式の全記録であると申し上げたい。そして、これからの日本の方向を占うあるべき言論思想のヒントを示している一書になったと考えています。

渡部さんは私とは五歳違いの兄貴分であり、私に失礼なもの言いがあってもいつも寛大に笑っておられ、おおらかな人でした。三回忌を前に本書を日本の読書界に提供できた幸運を喜びたいと思います。

最後に、本書を作成するにあたり資料をご提供いただいた、仙道寿顕氏、吉田圭介氏、井上敏治氏、丸山光子氏、佐藤保生氏に心より感謝申し上げます。

また、二人の対話を蒐めて出版しようという計画はビジネス社編集部の佐藤春生さんが思い着いて実行して下さいましたことも、ご報告しておきます。

平成三十年八月吉日

西尾　幹二

回想・父 渡部昇一

早藤眞子（渡部昇一長女）

一周忌を過ぎても父の本を読者の皆様にお届けできることは、本当にありがたく、心より深く感謝申し上げます。

一読者として申し上げると対談は全篇大変面白く、まったく旧くなっていないのが痛快でございました。読者の皆様にもご同意いただけるかと思います。また、共著者の西尾先生が「序文」と長大な「解説」をまとめてくださったことに、御礼申し上げたいと存じます。

ただ、父が生きていて、対談に説明を加える機会が与えられたならばこんな風であったろうと、私が理解している範囲で回想してみたいと思います。

第1章の「敗北史観に陥った言論界」で述べられていることで思い出すことは、父がよく口にしていたアメリカの「行動原理」についての見解であります。父が覚醒するように共感したものは、G・K・チェスタトンの弟のセシル・チェスタトンがアメリカ史の中で指摘した「アメリカには中世がなかった」という洞察でした（本書43―46ページ参照）。そこで父自身が「中世」をどう捉えていたかでありますが、「ヨーロッパを深く理解するには、どうしてもカトリックとプロテスタントの歴史に精通せねばならない」として不断の研究と洞察を重ねた経緯がありました。そして、「中世の千年がいかに個々の地方文化を成熟させて豊かにしたか。そしてさらに重要なことは、中世の後にルネサンスがあったこと。また長い宗教戦争の後にThe Enlightenment（啓蒙《けいもう》時代）が訪れたことによって、ヨーロッパ文明と文化が最高潮を迎えた」と申しておりました。言い換えますと「ウェストファリア条約（一六四八年）」後のヨーロッパが、その文化の最高潮を迎えたと考えておりましたし、実感もしておりました。父の専門からは離れますが、この十七世紀後半から十八世紀にヨーロッパに現れた人類史上空前絶後の大天才達、Bach, Händel, Haydn, Mozart, Beethovenの音楽を聴くだけでもそれは分かる、と。

父は中世、あるいは安定した長期の封建時代がなければ、西欧文化や近代文明の偉大さは存在しなかったと結論しておりました。そして、その安定した長期の封建時代というものは、我が日本にも存在したと。ヨーロッパには「騎士道」日本には「武士道」という共通の価値観が存在したこと、つまりルールに則って戦い、結果的には勝利者と敗北者が出来るが、両者の戦いの理由に善悪は問わない。お互いの名誉を護り「敵ながら天晴れ」という精神が存在する、いわば「誉を尊ぶ文化」、これが非常に大事なのだよ、と。

アメリカはヨーロッパにおける宗教戦争（一六一八年に神聖ローマ帝国で起こったカトリック

とプロテスタントによる三十年戦争)を経験しなかったので、それをいまだにしているのだ、自分が正義(神は自分の側に在る)であって、敵は悪魔となり、悪魔には魔女狩りのような一方的な残酷な判決を下すのだと。その動かぬ実例が「東京裁判」であり、「サダム・フセインの処刑」などであったのだと。

第2章の「自由で教育は救えるか」の中で、父は実にコンパクトに戦後教育の問題を告発しております。「政治的に潰された『自由化』」を含む52—56ページは、是非、お読み頂きたいです。「私大の多様化、自由化をいうのなら、文部省から私学助成金などをもらうことはあってはならないこと」「文部省は助成金を出すことによって、これまで干渉できなかった私大に口出しできるようになった、いわば権限が拡大したわけ」(ともに53ページ参照)。これらの指摘は、今日、武田邦彦先生などが、大学教育の劣化につながっている要因として、声を大にして論じておられる問題です。

教育の問題では、父は常日頃「子供の教育は、親が責任を持って行うべき神聖な仕事。間違っても自動的に義務教育に任せたりしてはいけない。そのような感覚が、一番大切な躾《しつけ》や道徳教育まで学校に任せて、失敗の責任を社会や学校に転嫁するような、情けない風潮を助長するのだ」と言っていました。「学校や先生、師匠を親が選ぶという自由と責任があれば、選んだ教育に携わる先生への尊敬心も自然に保たれるのだ」とも。

第3章の「ドイツの戦後と日本の戦後」で、父は「統帥権干犯問題」に言及しております（80―82ページ参照）。父は「統帥権干犯問題」だけが日本参戦の原因の正体と考えていたわけでは勿論、ありません。ご存知のように「エネルギー問題＝石油問題」や「ブロック経済問題」や「人種差別問題」等々、さまざまな要因を、生涯を通じて多面的に挙げ続けておりました。しかし、「統帥権干犯問題」は大変重要な、決定的要因の一つと考えておりました。そして他の言論人が当時、あまりおっしゃらなかった事象でしたので、特に力が入っていたのだと思います。また日本の参戦に関して、父の専門の学問分野であれば、相対化や多元化を通した緻密《ちみつ》な議論を展開した後に、結論を提示して見せたでしょう。しかし、父が生前繰り返し申しておりましたのは、「言論においては、常に自分の結論を、できるだけ短く、そして誰にでもわかりやすく、単純明快に示せねばならない」ということでした。それでレトリックの使い方も、分かりやすく伝えることを第一に腐心しておりました。統帥権干犯問題と原爆投下を、癌細胞と放射線の関係にたとえたことがあったのも、単に象徴的な表現として使っていただけ、と存じます。父の本に親しんで下さいました読者の皆様には、よくご理解いただけるかと思っております。

次にナチスに関する言及で重要なものがここに収められております。その第一は、戦後のドイツ人のナチスに対する反応です（88―89ページ参照）。このことに関連して父が時々「ヒトラーのやったことは全部悪いことではない。後々ドイツがその恩恵を受けていることも少なからずある（例えばアウトバーンを造るなど）。しかし、現代はヒトラーがやった、というだけで、その功績は認められず、議論もできない。このことが問題だ」と感想を述べていました。

その第二は、「ナチスも国家社会主義であって、共産党とはいわば同類、したがって両者は支持勢力の取り合いのために争ったんです。（中略）当時の共産主義のリーダーは多くがユダヤ人だったから、ナチスにとって、ユダヤ人と共産党勢力は重なり合うわけです。これは内ゲバの論理で、ユダヤ人根絶論につながるわけです」（94ページ参照）とナチスのユダヤ人弾圧の深層にある真実を伝えております。

忘れられないのは、天皇の存在を抜きにして、日本や日本人は語れないと常々、申しておりました。ことです。父には「日本通史の視点」がいつもあったのです。ドイツと日本は全く違う戦争を戦ったというのは自明の理です。「日本人には、自分のご先祖は、源をずっと辿っていくと最後は天皇家につながる、一つの家族になるという感覚がどこかにある。だから、天皇は民のために、民は大君のために命を捧げるという、奇蹟のような国体が存在し得たのだ。それを象徴したのが昭和天皇（戦前、戦中、戦後と国体が連続した）であられた」と、これは父の深い確信でありました。

第4章の「国賊たちの『戦後補償』論」の中で父は、世界も日本も絶対忘れてはならない一つの歴史的出来事をあげています。それは、「第一次大戦の直後に国際連盟ができたときに、日本代表がたったひとつ提案したことは、皮膚の色によって人種が差別されてはならないということだった。一九一九年にそういう提案を国際連盟にしているのです」（111ページ参照）。結局この提案は否決されましたが、このような日本が世界に誇るべき功績を、何故日本人自身は知らないのか、歴史の授業で子どもに教えないのか、これが現在の日本の一番の問題だ、と父は繰り返し、繰り返し述べておりました。

第5章の「日本は世界に大東亜戦争の大義を説け」は「渡部昇一の新世紀歓談」で放送した対談内容の書き起こしです。この番組の冒頭で、父が口上「この番組は国益という立場から云々……」を述べるのですが、本人は「この国益という言葉は、俺が言論界に定着させたものだと思うぞ～」と、少し自慢げで、喜ばしげでありました。本章で取り上げられているヘレン・ミラーズ著『アメリカの鑑・日本』のような日本にとって公正な本を、国政や外交に携わる人が義務として読むようになれば、随分世の中よくなるのになぁとこぼしていたのを思い出します。

第6章の「教科書をモミクチャにしたA級戦犯たち」では「教科書問題」から出発して、西尾先生と父で徹底的に日本のマスコミの「フェイクニュース」と、謝罪外交の構造を叩いていきます。思えば、父は半世紀近く朝日新聞と戦い続けたのでした。

続く第7章の「『朝日』『外務省』が曝け出した奴隷の精神」も第6章の続編のような内容です。森首相の「近隣諸国条項」に関する発言（187ページ参照）や、高市早苗代議士の外務省への質問（190ページ参照）を、西尾先生が評価なさっています。

第8章の「人権擁護法が日本を滅ぼす」は西尾先生が人権擁護法の問題で産経新聞のコラム「正論」（二〇〇五年三月十一日）で警笛を鳴らされ、父が番組を通して更に多くの人に認識して頂きたい、警戒して頂きたいと、先生をお招きした経緯がありました。ここから始まって、二人で宮沢内閣断罪、ブッシュの靖国参拝を潰した外務省への断罪、と大変盛り上がって終わっております。

全8章を通して父の回想を書いてきて、強く思ったことがあります。父は、確かに日本の将来を想い、憂国の情に囚われた日もあったと思います。ですが、やはり「憂国の士」と呼ぶよりは、「愛国者」と呼ぶ方が何倍も相応しい人でした。それほど深く日本を愛して止まぬ人でした。「日本の底力」と明るい未来を信じて、この時代に日本に生を受けたことを喜び、感謝して、人生を愉快に楽しんで歩んだと思います。不機嫌や気難しさからは遠く、明朗でありました。

読むことも書くことも、話すことも耳を傾けることも、食べることも散歩することも、歌うことも眠ることも、そして何より、仕事が大好きでありました。いつも何かを考えていて、そのことについて家族に話すのはとても楽しそうでした。およそ「恨み言」は苦手で、そう言えば「ルサンチマン」こそが、人類の敵だと言っておりました。また、衒学的というか、インテリ風というか、偽善者的というか、そういうのも鼻持ちならないようで、自分は大衆の一人、真っ当な普通人だと思っておりました。

父の書いたものや対談を読むと、そのまま声が聞こえてきそうです。そしてそれは私にとって、悲しみを深めるものではなく、むしろ和らげるものであります。

この対談集を通読する機会が与えられて、本当に幸運でした。ここにあらためて、ビジネス社の唐津社長に心からの御礼を申し上げます。

平成三十年十月

嵐の後の池を眺めながら

初出一覧

雑誌論文に関しては、タイトルは初出のままとしたがテレビ上での対談に関しては便宜上編集部がつけた。また、第5章と第8章の二篇は、文字起こしが渡部昇一先生のご逝去後であったため、公平を期するために両者とも一切修正なしで掲載した。他の章に関しても明らかな誤字・脱字の修正以外は初出のままとした。

第1章　敗北史観に陥った言論界（『WiLL』二〇〇九年五月号）

第2章　自由で教育は救えるか（『知識』一九九一年四月号）

第3章　ドイツの戦後と日本の戦後（『諸君！』一九九〇年十一月号）

第4章　国賊たちの「戦後補償」論（『Voice』一九九四年一月号）

第5章　日本は世界に大東亜戦争の大義を説け（「渡部昇一の新世紀歓談」テレビ東京、一九九五年五月二十一日放送）

第6章　教科書をモミクチャにしたA級戦犯たち（『諸君！』一九九七年十一月号）

第7章　「朝日」「外務省」が曝け出した奴隷の精神（『諸君！』二〇〇一年五月号）

第8章　人権擁護法が日本を滅ぼす（「渡部昇一の大同無門」日本文化チャンネル桜、二〇〇五年六月十五日放送）

●著者略歴

渡部昇一（わたなべ・しょういち）

上智大学名誉教授。英語学者。文明批評家。

1930年、山形県鶴岡市生まれ。上智大学大学院修士課程修了後、独ミュンスター大学、英オクスフォード大学に留学。Dr.phil.,Dr.phil.h.c.（英語学）。第24回エッセイストクラブ賞、第1回正論大賞受賞。2017年、逝去。

専門書のほかに『知的生活の方法』、『自分の壁を破る人、破れない人』をはじめベストセラー、ロングセラーを続けている。主な著書に『知的読書の技術』『日本人の遺伝子』（いずれもビジネス社）、『渡部昇一　青春の読書』（ワック）、『日本史から見た日本人』（祥伝社）、『名著で読む世界史』（扶桑社）などがある。

西尾幹二（にしお・かんじ）

1935年（昭和10）生まれ。東京大学文学部ドイツ文学科卒、同大学院文学修士、同大学院文学博士。電気通信大学名誉教授。評論家・思想家。2015年春、瑞宝中受章。

初期から長篇評論の世界を切り拓き、『日本の教育　ドイツの教育』『ニーチェ』『全体主義の呪い』『少年記』『国民の歴史』『江戸のダイナミズム』などがある。中篇では、『異なる悲劇　日本とドイツ』『人生の価値について』『三島由紀夫の死と私』『天皇と原爆』などが話題となった。他に訳業としてショーペンハウアーの主著『意志と表象としての世界』の個人単独の全訳がある。現在『西尾幹二全集』（全22巻）が国書刊行会より刊行中である。

対話　日本および日本人の課題

2018年11月１日　　第１刷発行

著　者　渡部昇一　西尾幹二

発行者　唐津　隆

発行所　株式会社ビジネス社

〒162-0805　東京都新宿区矢来町114番地
神楽坂高橋ビル５階
電話 03(5227)1602　FAX 03(5227)1603
http://www.business-sha.co.jp

カバー印刷・本文印刷・製本／半七写真印刷工業株式会社
〈カバーデザイン〉上田晃郷　〈本文DTP〉メディアネット
〈編集担当〉佐藤春生　〈営業担当〉山口健志

ISBN978-4-8284-2045-5

ビジネス社の本

同盟国アメリカに日本の戦争の意義を説く時がきた

米中韓の「反日」勢力と日本の「売国奴」たちに宣戦布告する書

西尾幹二

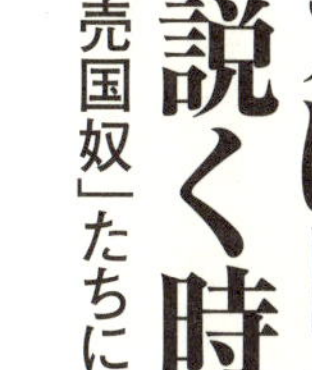

本体1000円＋税

憂国のリアリズム

感傷を排して世界を見よ

アメリカ依存中毒から脱しきれない日本人に告ぐ！

西尾幹二

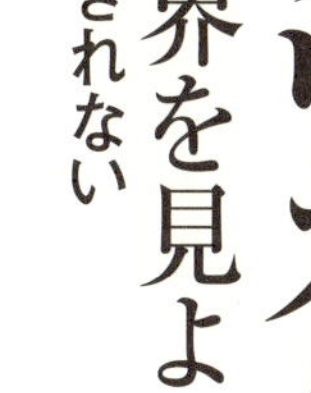

本体1700円＋税

膨張するドイツの衝撃

日本は「ドイツ帝国」と中国で対決する

敗戦を克服したドイツ
戦後に呪縛される日本

西尾幹二／川口マーン惠美

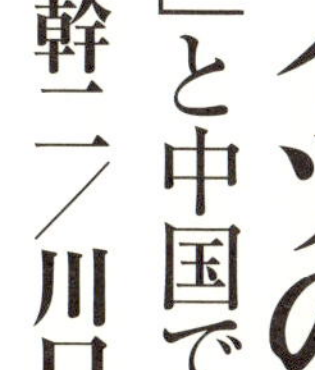

本体1400円＋税